GÉRER MES ÉMOTIONS ET RÉAGIR SAGEMENT

GUIDE PRATIQUE

ISBN 978-0-9936106-5-3

Publié par Les Éditions Ann Brosseau
Dunvegan, Ontario, Canada
www.annbrosseau.com

Le genre masculin est employé dans ce livre pour alléger le texte.

AU SUJET DE L'ATEURE

ANN BROSSEAU, B.A., M.A.Ed., est une professionnelle bilingue chevronnée avec plus de 30 ans d'expérience dans les domaines du coaching, de la relation d'aide, de la formation, de l'éducation, de l'entrepreneuriat et de la gestion des ressources humaines.

Elle possède un baccalauréat spécialisé en sciences sociales appliquées et une maîtrise en éducation aux adultes de l'Université Concordia. Elle a complété des études doctorales multidisciplinaires à l'Université du Québec en Outaouais, où ses recherches se sont penchées sur la satisfaction au travail, l'engagement des employés et le lien entre le travail et le hors travail par rapport au roulement volontaire des employés. Ann possède aussi un diplôme d'études professionnelles en relation d'aide du Centre de Relation d'Aide de Montréal, une certification en coaching transformationnel du Coaching Masters Academy et des certifications l'autorisant à administrer et à interpréter l'Indicateur de types de personnalités MBTI aux niveaux 1 et 2, et l'outil d'évaluation des compétences en leadership Benchmarks®.

En tant que gestionnaire, directrice et consultante (PGF Consultants, Chambre des communes (Ottawa), Université McGill, Latitude Management, Ann Brosseau et associés, Ann Brosseau, Coaching et formation), elle a joué un rôle crucial dans le coaching de leaders, de gestionnaires et d'individus sur une multitude de sujets allant du leadership et de la gestion aux compétences interpersonnelles et au développement de carrière. Son dévouement à l'amélioration des dynamiques interpersonnelles et des processus organisationnels en milieu de travail se manifeste dans sa conception et sa mise en œuvre d'initiatives innovantes en gestion des ressources humaines pour tous genres de clients corporatifs et institutionnels, gouvernementaux et para-gouvernementaux.

Au cours de sa carrière universitaire, Ann Brosseau a été enseignante et coordonnatrice de programmes en gestion des ressources humaines et en leadership à l'École d'éducation permanente de l'Université McGill. Son engagement envers l'éducation se reflète dans ses fonctions de chargée de cours dans diverses universités, où elle a conçu et enseigné de nombreux cours sur la psychologie organisationnelle, la gestion des ressources humaines et le leadership.

En plus de ses nombreuses réalisations professionnelles et académiques, elle est également entrepreneure accomplie. Elle a géré avec succès de multiples entreprises dans des domaines diversifiés (arts, hospitalité, événementiel, vente au détail, agriculture et élevage, consultation, etc.), démontrant ainsi sa polyvalence et son flair entrepreneurial.

Les contributions de Ann Brosseau au domaine de la gestion des ressources humaines sont non seulement pratiques mais aussi scientifiques. Elle est entre autres l'auteure d'un outil unique et pratique de gestion des risques en matière de ressources humaines et du livre *Beyond Common Sense and Intuition: A Practical guide to recruitment and selection*, publié en 2014 –

qui est toujours d'avant-garde une décennie plus tard! Elle a animé de nombreuses conférences sur des sujets tels que la gestion de la performance, la dotation et la planification de la relève.

Depuis le tout début de sa carrière en 1993, Ann Brosseau anime également des conférences et ateliers de formation offerts au public et portant sur des sujets touchant la gestion de soi et les relations interpersonnelles, incluant : les émotions, les mécanismes de défense, l'écoute active, l'assertivité, la communication, la gestion des conflits, le don de la rétroaction, les relations intergénérationnelles, etc.

Coach certifiée d'expérience, elle offre ses services aux organisations et aux individus dans le domaine du coaching de vie, de carrière, relationnel, de gestion et entrepreneurial sur la base d'une tarification progressive, rendant ainsi ses services accessibles à tous.

Son souci d'accessibilité l'a également amenée à créer le concept *L'Intersection*, un espace de travail et de collaboration où elle a mis en œuvre son *Programme de transition à l'entrepreneuriat*, qui offre un soutien unique et généreux aux aspirants entrepreneurs.

Avec sa richesse d'expérience et d'expertise, Ann Brosseau continue d'être une force motrice pour l'autonomisation des individus et des organisations dans le développement de compétences organisationnelles, de gestion et relationnelles.

Ann Brosseau

OUVRAGES DE L'AUTEURE

Gestion des ressources humaines :

- Beyond Common Sense and Intuition: An Innovative practical guide to recruitment and selection (2014)

Développement des compétences personnelles :

- Me découvrir, me comprendre, m'accueillir (2024)
- Discovering, Understanding and Being Totally OK with Myself (2024)
- Gérer mes émotions et réagir sagement (2024)
- Managing my Emotions and Reacting Wisely (2024)
- Asserting Myself and Managing Conflicts (2024)
- Mieux communiquer pour réaliser mes objectifs (2024)
- Communicating Better to Achieve my Goals (2024)
- M'affirmer et gérer mes conflits (2024)
- Asserting Myself and Managing Conflicts (2024)

TABLE DES MATIÈRES

Avertissement : *Ce livre ne peut en aucun cas se substituer à un accompagnement par un coach ou un thérapeute si la personne en a un réel besoin. Il s'agit d'un outil de croissance personnelle dont l'efficacité dépend en grande partie de la capacité de chaque individu à comprendre les concepts présentés et à les mettre en pratique de manière adéquate. L'auteur décline toute responsabilité concernant les actions prises par le lecteur suite à la lecture de ce livre.*

1. INTRODUCTION

Bienvenue dans ce guide pratique intitulé "Gérer mes émotions et réagir sagement". Les émotions jouent un rôle central dans notre vie, influençant nos pensées, nos comportements et nos interactions avec les autres. Pourtant, la maîtrise de nos émotions demeure un défi pour beaucoup. Ce guide a pour objectif de vous fournir des outils pratiques et des réflexions approfondies pour mieux comprendre et gérer vos émotions.

Nous débuterons par une exploration des émotions elles-mêmes. Nous répondrons à la question "Que faire de mes émotions ?" et examinerons pourquoi les émotions, bien qu'elles ne soient ni bonnes ni mauvaises, peuvent parfois causer des problèmes lorsqu'elles sont mal comprises ou mal gérées. Nous discuterons également des conséquences possibles d'une mauvaise gestion des émotions sur notre bien-être et nos relations.

Le stress, souvent conséquence d'une surcharge émotionnelle, sera notre prochain sujet. Nous définirons ce qu'est le stress et explorerons des méthodes pour en éliminer ou en réduire les sources. Nous verrons comment changer nos perceptions pour rétablir un équilibre face au stress, une étape cruciale pour mieux le gérer au quotidien.

Nous aborderons ensuite les mécanismes de défense, ces stratégies inconscientes qu'il nous arrive d'utiliser pour éviter de faire face à nos émotions. Nous examinerons ce que sont ces mécanismes, comment ils se manifestent et comment les reconnaître. Nous vous fournirons des outils pour surmonter ces mécanismes et réagir de manière plus constructive et authentique face aux défis émotionnels.

Les émotions contradictoires font partie intégrante de notre expérience humaine. Nous vous aiderons à identifier ces émotions et à les gérer de manière harmonieuse. Vous apprendrez à naviguer dans ces sentiments opposés sans vous laisser submerger, en appliquant des techniques spécifiques pour les équilibrer.

Nous traiterons ensuite de l'accoutumance émotionnelle, un sujet souvent négligé mais crucial. Vous apprendrez à reconnaître les signes d'accoutumance émotionnelle et découvrirez des stratégies pour y faire face. L'objectif est de vous aider à retrouver une réponse émotionnelle plus équilibrée et consciente.

Enfin, nous conclurons ce guide avec un plan d'action personnel. Vous trouverez des conseils pour élaborer votre propre stratégie de gestion des émotions. En appliquant les connaissances acquises tout au long de ce guide, vous pourrez créer un plan sur mesure pour réagir de manière plus sage et sereine face aux défis émotionnels de la vie.

Ce guide est conçu pour être interactif et pratique. Nous vous encourageons à prendre des notes, à réfléchir aux questions posées et à mettre en pratique les techniques proposées. En apprenant à mieux comprendre et gérer vos émotions, vous pourrez améliorer significativement votre bien-être et vos relations avec les autres. Alors, préparez-vous à transformer votre vie émotionnelle et à découvrir une nouvelle version de vous-même, plus sereine et épanouie. Commençons ensemble ce voyage passionnant vers une meilleure gestion émotionnelle !

2. LES ÉMOTIONS

Les émotions sont des réponses complexes et souvent instantanées à des stimuli internes ou externes qui influencent notre état mental et physique. Elles sont une composante essentielle de l'expérience humaine et jouent un rôle crucial dans la manière dont nous percevons, comprenons et interagissons avec le monde qui nous entoure.

Sur le plan physique, les émotions peuvent se manifester par des changements physiologiques tels que des battements cardiaques accélérés, une respiration rapide, des tensions musculaires ou des réactions hormonales. Sur le plan mental, elles peuvent influencer notre raisonnement, notre perception, notre prise de décision et nos décisions..

Les émotions peuvent revêtir de nombreuses formes, allant de la joie à la tristesse, la colère, la peur, le dégoût et la surprise, parmi d'autres. Chaque émotion offre une information précieuse sur nos besoins, nos désirs, nos valeurs et notre bien-être.

Il est important de reconnaître que les émotions ne sont ni bonnes ni mauvaises en soi. Elles sont simplement des signaux internes qui nous informent sur notre environnement et sur notre propre état interne en réponse à notre environnement. La manière dont nous gérons nos émotions peut avoir un impact significatif sur notre bien-être émotionnel, nos relations interpersonnelles et notre santé mentale en général.

2.1 QUE FAIRE DE MES ÉMOTIONS ?

Les émotions sont une partie intégrante de notre expérience humaine, façonnant nos pensées, nos actions et nos relations avec le monde qui nous entoure. Mais face à cette diversité d'émotions, une question se pose fréquemment : que devrions-nous en faire ? Comment devrions-nous réagir à ces tumultes intérieurs ?

Premièrement, il est important de **reconnaître et d'accepter nos émotions**, quelle que soit leur nature. Ignorer ou refouler nos émotions peut conduire à des conséquences néfastes sur notre bien-être émotionnel à long terme. Au lieu de cela, prenons le temps de les identifier, de les nommer et de les accueillir sans jugement.

Ensuite, apprenons à **comprendre le message que chaque émotion nous transmet**. Chaque émotion a une signification et une fonction spécifique. La tristesse peut signaler un besoin de soutien ou de réconfort, la colère peut indiquer une violation de nos limites personnelles, tandis que la joie peut souligner un moment de connexion ou d'accomplissement. En comprenant ce que nous communiquent nos émotions, nous pouvons mieux y répondre de manière appropriée.

Considérons deux façons de répondre à une même situation, la première étant néfaste et la seconde, beaucoup plus saine.

Scénario #1

Denise, assise à son bureau, reçoit un commentaire critique de la part d'un collègue sur un projet sur lequel elle a travaillé ardemment. Immédiatement, elle ressent une montée de colère et de frustration. Au lieu de prendre du recul pour comprendre ses émotions, se sentant attaquée et blessée, Denise réagit impulsivement.

Elle riposte rapidement, défendant fermement son travail et rejetant les commentaires de son collègue avec sarcasme et agressivité. Elle se met sur la défensive, cherchant à protéger son ego et à se justifier sans vraiment écouter ce que son collègue a à dire.

La conversation tourne rapidement en un échange de reproches et de critiques, sans réelle résolution. Denise quitte finalement la conversation avec un sentiment de frustration et de ressentiment envers son collègue, tandis que ce dernier reste perplexe quant à sa réaction disproportionnée.

En ne se servant pas de son émotion comme une information utile, Denise répond de manière défensive, ce qui ne fait qu'exacerber les tensions et les conflits au sein de l'équipe. Au lieu de transformer la situation en une opportunité d'apprentissage et de croissance, elle laisse ses émotions prendre le dessus, nuisant ainsi à sa relation professionnelle avec son collègue et compromettant la qualité de leur collaboration future.

Scenario #2

Denise, assise à son bureau, reçoit un commentaire critique de la part d'un collègue sur un projet sur lequel elle a travaillé ardemment. Immédiatement, elle ressent une montée de colère et de frustration. Au lieu de réagir impulsivement ou de refouler ses émotions, Denise prend une pause pour reconnaître et comprendre ce qu'elle ressent.

Elle prend quelques instants pour respirer profondément et se connecter à ses émotions. Elle réalise que sa colère est due au sentiment d'injustice et de dévalorisation déclenché par le commentaire de son collègue. Cette émotion lui indique qu'elle estime avoir investi beaucoup d'efforts dans le projet et qu'elle souhaite que son travail soit reconnu à sa juste valeur.

Grâce à cette prise de conscience, Denise choisit de répondre de manière constructive plutôt que réactive. Plutôt que de contre-attaquer ou de se replier sur elle-même, elle décide d'aborder la situation avec son collègue de manière calme et assertive. Elle planifie soigneusement ses mots pour exprimer ses sentiments et ses besoins de manière claire et respectueuse.

Lors de la discussion avec son collègue, Denise partage ouvertement son point de vue en exprimant comment le commentaire l'a affectée et en expliquant pourquoi elle estime que son travail mérite reconnaissance. Elle écoute également attentivement la perspective de son collègue, ce qui lui permet de mieux comprendre la situation dans son ensemble.

En utilisant son émotion comme une information utile, Denise parvient à répondre de manière appropriée à la critique de son collègue. Elle parvient à clarifier la situation, à restaurer son sentiment de valeur personnelle et à renforcer sa relation professionnelle avec son collègue. En fin de compte, elle transforme cette expérience en une opportunité de croissance personnelle et professionnelle.

Dans le premier scénario, Denise réagit de manière défensive dès le début, sans prendre le temps de comprendre ses émotions. Elle se sent attaquée et blessée par le commentaire de son collègue, ce qui déclenche une réaction immédiate de défense. En se laissant emporter par ses émotions, elle riposte avec agressivité et sarcasme, cherchant à protéger son ego et à se justifier sans réellement écouter ce que son collègue a à dire.

En ne reconnaissant pas le message transmis par son émotion, Denise aggrave la situation en alimentant les tensions et les conflits. Sa réaction défensive entraîne un échange de reproches et de critiques stérile, sans réelle résolution. Elle quitte finalement la conversation avec un sentiment de frustration et de ressentiment, compromettant ainsi sa relation professionnelle avec son collègue et la qualité de leur collaboration future.

Dans le second scénario, Denise prend le temps de reconnaître et de comprendre ses émotions, ce qui lui permet d'utiliser son émotion comme une information utile. Elle reconnaît sa colère et sa frustration comme des signaux lui indiquant qu'elle se sent injustement critiquée et dévalorisée. Cette prise de conscience l'incite à réfléchir sur la situation et à identifier ses besoins sous-jacents, notamment le besoin de reconnaissance pour son travail acharné.

En comprenant le message transmis par son émotion, Denise peut choisir de répondre de manière appropriée. Plutôt que de réagir de façon défensive, elle choisit de communiquer ouvertement avec son collègue, exprimant ses sentiments et ses besoins de manière calme et assertive. Cette approche lui permet d'aborder la situation de manière constructive, de clarifier les malentendus et de renforcer sa relation professionnelle avec son collègue.

En comparant les deux scénarios, on constate l'importance de reconnaître et de comprendre ses émotions pour répondre de manière appropriée aux situations difficiles. En utilisant son émotion comme une information utile, Denise est en mesure de transformer une confrontation potentiellement négative en une opportunité de croissance personnelle et professionnelle.

Une fois que nous avons identifié nos émotions et compris leur message, nous pouvons **choisir comment y réagir**. Cela peut impliquer différentes stratégies en fonction de la situation et de nos besoins individuels. Parfois, cela peut signifier exprimer nos émotions de manière saine et constructive, en communiquant ouvertement avec les autres. D'autres fois, cela peut impliquer de prendre du recul, de pratiquer la pleine conscience ou de recourir à des techniques de régulation émotionnelle pour nous aider à gérer nos émotions de manière plus saine.

Dans le "bon" scénario de Denise, elle met en pratique ce conseil en prenant le temps de reconnaître sa colère et sa frustration, et en comprenant que ces émotions lui indiquent un besoin de reconnaissance et de valorisation pour son travail. En comprenant le message sous-jacent à ses émotions, Denise choisit de réagir de manière constructive en exprimant ouvertement ses sentiments et ses besoins à son collègue. Cette approche lui permet de gérer ses émotions de manière saine et constructive, en favorisant une communication ouverte et une résolution positive de la situation.

Il est important de reconnaître que nous avons le pouvoir de choisir notre réponse à l'émotion. **Bien que nous ne puissions pas contrôler nos émotions, nous pouvons choisir comment y réagir et comment y répondre.**

En cultivant une conscience émotionnelle développée et en pratiquant des stratégies de gestion des émotions, nous pouvons apprendre à naviguer plus efficacement à travers les hauts et les bas émotionnels de la vie quotidienne.

Le titre de ce livre, "Gérer ses émotions et réagir sagement", exprime l'idée que la gestion émotionnelle est étroitement liée à notre capacité à réagir de manière réfléchie et avisée face aux situations de la vie. Voici quelques points pour clarifier ce lien :

- La gestion émotionnelle consiste à reconnaître, comprendre et gérer ses propres émotions de manière saine et constructive. Cela implique de ne pas être submergé par ses émotions, mais plutôt d'apprendre à les réguler et à les canaliser de manière appropriée.

- Réagir sagement signifie agir de manière réfléchie, calme et judicieuse, en prenant en compte les conséquences de nos actions. C'est être capable de faire preuve de discernement et de choisir la meilleure réponse possible à une situation donnée, en tenant compte à la fois de nos propres émotions et des besoins des autres.

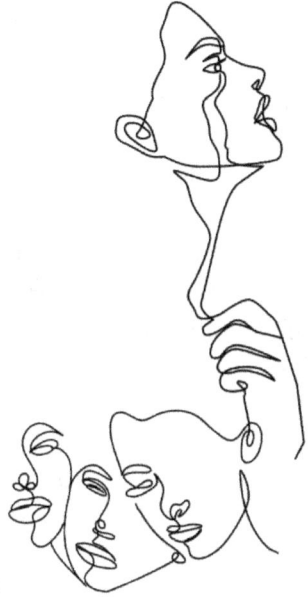

Ann Brosseau

- Lorsque nous gérons efficacement nos émotions, nous sommes mieux équipés pour faire face aux défis de la vie et pour prendre des décisions éclairées. Une gestion émotionnelle adéquate nous permet de rester calmes et concentrés même dans des situations stressantes, ce qui favorise une réaction plus sage et plus réfléchie.

En résumé, "Gérer ses émotions et réagir sagement" signifie que la capacité à réguler nos émotions et à les utiliser de manière constructive est essentielle pour répondre aux défis de la vie avec sagesse et discernement. Cela implique de reconnaître nos émotions, de les gérer efficacement et de choisir des réponses réfléchies et appropriées dans toutes les situations.

Rappelez-vous que prendre soin de nos émotions est une partie essentielle de prendre soin de nous-mêmes dans son ensemble. En honorant nos émotions, en leur accordant l'attention et les soins nécessaires, nous cultivons une relation plus saine avec nous-mêmes et avec les autres, ce qui contribue à notre bien-être émotionnel et à notre épanouissement personnel.

Le diagramme suivant résume ce qu'il est sain de faire et ce qu'on devrait éviter de faire avec nos émotions, si l'on souhaite entretenir une saine relation avec soi et avec les autres.

18

QUE FAIRE AVEC LES ÉMOTIONS ?

À FAIRE

Les reconnaître

Restez à l'écoute des manifestations physiologiques et comportementales de vos émotions pour en reconnaître la présence.

Les accepter

Accueillez vos émotions et permettez-vous de ressentir les émotions, sans jugement ni censure.

Les écouter

Les émotions sont des informations qui vous sont transmises: demandez-vous ce qu'elles essaient de vous dire.

Les exprimer responsablement

Exprimez vos émotions sans jugement envers l'autre, en vous responsabilisant et en parlant au "je".

Les partager avec les bonnes personnes

Lorsque vous partagez vos émotions, faites-le soit avec la personne concernée directement ou une tierce personne objective qui peut agir à titre de soutien.

Les gérer

Prendre des moyens sains et efficaces pour les gérer, de sorte à les utiliser à bon escient sans se sentir submergé par elles.

À ÉVITER

Les refouler ou les nier

Évitez de vous perdre dans des activités ou des habitudes qui vous empêchent de vivre vos émotions. Soyez à l'écoute de ce qui se passe en vous!

S'en défendre

Évitez de minimiser vos émotions, de nier leur importance ou de chercher à vous en défaire. Plus on s'en défend, plus elles peuvent causer de dommage!

Responsabiliser les autres

Évitez de rendre les autres responsables de vos émotions en jugeant, en rejetant, en accusant, en projetant ou en blâmant. Acceptez-en la responsabilité pour garder votre pouvoir.

Se défouler sur les autres

Évitez d'exploser et de vous en prendre aux gens parce que vous êtes aux prises avec une surcharge émotionnelle ou de la frustration. Occupez-vous de vos émotions pour éviter ce genre d'incident.

Les partager sans discernement

Évitez de parler de vos émotions aux mauvaises personnes, comme par exemple des collègues non-impliqués dans un conflit que vous avez avec un autre collègue ou vos employés. Choisissez aussi le moment et l'endroit pour le faire de manière optimale.

Qu'avez-vous tendance à faire avec vos émotions ?

Que devriez-vous faire plus souvent ?

Que devriez-vous éviter de faire ?

19

EXERCICE: RÉFLEXION

Prenez le temps de vous remémorer une situation où vous avez vécu une émotion intense et où vous croyez avoir bien répondu à cette émotion.

- Quelle était la situation ? Qu'est-ce qui a déclenché l'émotion (ou les émotions) ? Quelle était cette émotion ?

- En réponse à cette émotion, qu'avez-vous fait ? Pourquoi considérez-vous avoir bien répondu à l'émotion ? Quelles ont été les conséquences de votre réponse?

- Repensez à l'émotion vécue et demandez-vous : "Quelle information cette émotion tentait-elle de me communiquer ? Est-ce que je l'ai bien acceptée et écoutée ?"

Prenez le temps de vous remémorer une situation où vous avez vécu une émotion intense et où vous croyez avoir "mal répondu" à cette émotion.

- Quelle était la situation ? Qu'est-ce qui a déclenché l'émotion (ou les émotions) ? Quelle était cette émotion ?

- En réponse à cette émotion, qu'avez-vous fait ? Pourquoi considérez-vous avoir mal répondu à l'émotion ? Quelles ont été les conséquences de votre réponse?

- Repensez à l'émotion vécue et demandez-vous : "Quelle information cette émotion tentait-elle de me communiquer ? Pourquoi n'ai-je pas accepté et écouté l'émotion ?"

2.2 SI LES ÉMOTIONS SONT NI BONNES NI MAUVAISES, POURQUOI CAUSENT-ELLES TANT DE PROBLÈMES ?

Les émotions elles-mêmes ne sont pas les causes directes des problèmes. C'est plutôt notre incapacité à bien les gérer qui peut entraîner des difficultés.

On peut répertorier les problématiques liées à la gestion des émotions en quatre catégories:

1. LA SURCHARGE ÉMOTIONNELLE

Une surcharge émotionnelle se produit lorsque nous sommes confrontés à une quantité excessive de stimuli (ou la *perception* d'une quantité excessive de stimuli) qui déclenchent plusieurs émotions, qui dépassent les ressources psychologiques dont nous disposons pour les gérer de manière efficace. Ce phénomène peut entraîner une accumulation de stress et de tension émotionnelle, nuisant à notre bien-être mental et physique.

Imaginez que notre système émotionnel fonctionne comme une sorte de réservoir. Ce réservoir a une capacité limitée à gérer les émotions. Lorsque nous sommes confrontés à un grand nombre de situations émotionnellement chargées, que ce soit des conflits interpersonnels, des exigences professionnelles élevées, des préoccupations financières ou des problèmes familiaux, cela peut rapidement remplir notre réservoir émotionnel.

Lorsque notre réservoir émotionnel est rempli au-delà de sa capacité, nous éprouvons une surcharge émotionnelle. Les symptômes de la surcharge émotionnelle peuvent inclure : une impression d'être submergé/dépassé, une irritabilité accrue, une difficulté à se concentrer, une fatigue mentale et physique, des troubles du sommeil et une hyper-sensibilité.

La surcharge émotionnelle peut également déclencher une réponse de stress dans notre corps, avec une libération accrue de cortisol et d'autres hormones liées au stress. Cela peut avoir des effets néfastes sur notre santé physique, en augmentant notre risque de troubles cardiovasculaires, de troubles gastro-intestinaux, de troubles du sommeil et de problèmes immunitaires.

Pour gérer une surcharge émotionnelle, il est important de prendre des mesures pour vider notre réservoir émotionnel et restaurer notre équilibre émotionnel. Cela peut inclure des pratiques de gestion du stress telles que la méditation, la respiration profonde, l'exercice physique régulier, le maintien d'une alimentation saine, le soutien social et le développement de stratégies de gestion du temps et des priorités.

La surcharge émotionnelle constitue une source de stress. Elle résulte d'un déséquilibre entre les exigences de la vie (stimuli) et les ressources disponibles pour y faire face. Lorsque les demandes et les pressions de la vie dépassent nos capacités à les gérer, cela crée une situation de stress.

Bien que l'ensemble des chapitres de ce Tome permet d'apprendre comment gérer les émotions et donc, de prévenir et de gérer la surcharge émotionnelle, nous aborderons les stratégies de gestion du stress causé par une surcharge émotionnelle au chapitre 3.

2. LA NON-ACCEPTATION DES ÉMOTIONS

Ce problème survient lorsque nous refusons d'accepter certaines émotions et que, conséquemment, nous nous en défendons. Ceci se fait habituellement de manière non-consciente.

Lorsque nous refusons d'accepter une émotion, nous pouvons réagir en adoptant des stratégies pour éviter de ressentir cette émotion désagréable, ce qui constitue un mécanisme de défense. Par exemple, si nous refusons d'accepter notre colère, nous pourrions la refouler ou la minimiser afin de ne pas avoir à la ressentir.

Le refus d'accepter une émotion peut également conduire à des mécanismes de défense centrés sur l'autre. Dans ce cas, nous pourrions projeter nos propres émotions non-acceptées sur les autres, en les blâmant ou en leur attribuant à tort nos propres émotions. Par exemple, si nous refusons d'accepter notre propre anxiété, nous pourrions accuser injustement un partenaire ou un collègue d'être la source de notre malaise.

Les mécanismes de défense peuvent avoir des répercussions significatives sur notre bien-être émotionnel et physique, ainsi que sur nos relations avec les autres.

Il est important de reconnaître ces schémas de comportement et d'explorer les stratégies qui permettent de gérer de manière saine et efficace nos émotions, en commençant par les admettre et les accepter plutôt que de les rejeter.

Nous explorerons cet aspect de la gestion de soi en profondeur au chapitre 4.

3. LA PRÉSENCE D'ÉMOTIONS CONTRADICTOIRES

La présence d'émotions contradictoires se produit lorsque nous ressentons des sentiments opposés ou conflictuels par rapport à une même situation, personne ou objet. Par exemple, nous pourrions ressentir à la fois de la joie et de la tristesse lors d'un événement important, comme le mariage de notre enfant.

La vie est souvent complexe et riche en émotions. Lors d'occasions importantes comme un mariage, il est tout à fait normal de ressentir une gamme variée d'émotions. La joie peut découler de la célébration de l'amour et du bonheur pour l'enfant qui se marie, tandis que la tristesse peut provenir du fait que cela marque une transition dans la relation parent-enfant, avec des changements dans les rôles et les responsabilités.

Au lieu de voir les émotions contradictoires comme un conflit à résoudre, on peut les accepter comme des aspects naturels de l'expérience humaine. Reconnaître que nous pouvons ressentir plusieurs émotions à la fois nous permet d'être plus ouverts et réceptifs à nos propres sentiments, sans jugement ni culpabilité.

Il y a cependant des circonstances où les émotions contradictoires peuvent entraîner une confusion émotionnelle et cognitive. Voici des exemples de situation où les émotions contradictoires peuvent devenir problématiques pour l'individu:

- Lorsque des émotions contradictoires sont extrêmement fortes et qu'elles ne sont pas gérées efficacement, elles peuvent entraver la capacité à prendre des décisions rationnelles et éclairées. Par exemple, si quelqu'un ressent à la fois de la peur et de l'excitation face à une opportunité professionnelle, il pourrait avoir du mal à évaluer objectivement les risques et les avantages.

- Des émotions contradictoires persistantes peuvent entraîner un stress émotionnel chronique, ce qui peut avoir des effets néfastes sur la santé mentale et physique. Par exemple, vivre constamment entre l'espoir et le désespoir dans une relation peut être épuisant émotionnellement et avoir un impact négatif sur le bien-être général.

- Les émotions contradictoires non résolues peuvent également affecter les relations interpersonnelles. Par exemple, si quelqu'un se sent à la fois jaloux et heureux pour un ami qui réussit, ces sentiments contradictoires pourraient interférer avec la capacité à exprimer sincèrement son soutien et à maintenir une relation saine.

- Des émotions contradictoires non résolues peuvent engendrer des conflits internes et une détresse émotionnelle. Par exemple, se sentir à la fois attiré et repoussé par une décision importante peut créer un conflit interne intense, entraînant de l'anxiété et de la confusion.

- Lorsque les émotions contradictoires ne sont pas comprises ou acceptées, il peut être difficile de les communiquer de manière claire et constructive. Cela peut entraîner des malentendus et des tensions dans les relations, car les autres peuvent avoir du mal à comprendre ce que la personne ressent réellement.

Nous présenterons des façons de bien gérer les émotions contradictoires au chapitre 5.

4. L'ACCOUTUMANCE ÉMOTIONNELLE

L'accoutumance émotionnelle est un phénomène psychologique où une personne s'habitue progressivement à une charge d'émotions négatives ou stressantes, jusqu'à ce que ces sentiments deviennent la norme ou la routine. Cela se produit souvent lorsque quelqu'un est confronté à des défis émotionnels progressifs et persistants ou à un environnement qui devient de plus en plus stressant sur une période prolongée.

Au début, ces émotions négatives peuvent sembler inhabituelles ou difficiles à supporter, mais au fil du temps, la personne s'adapte progressivement à ces sentiments et les ignore en se convainquant qu'elles font partie intégrante de sa vie quotidienne. Cette adaptation peut être subtile, mais elle peut avoir un impact significatif sur le bien-être émotionnel de la personne.

La métaphore de la grenouille qui se laisse bouillir décrit bien ce phénomène où une personne est incapable de percevoir ou de réagir à un changement graduel et insidieux dans son environnement, jusqu'à ce qu'il soit trop tard pour agir.

L'histoire raconte qu'une grenouille plongée dans de l'eau froide ne réagira pas si la température est ensuite augmentée lentement. Elle s'habitue progressivement à la chaleur croissante jusqu'à ce que l'eau atteigne finalement le point d'ébullition, entraînant la mort de la grenouille.

Ann Brosseau

La métaphore suggère que la grenouille n'a pas conscience du danger croissant parce que le changement est si graduel qu'elle ne le remarque pas, et elle ne parvient pas à agir pour se sauver.

Dans le contexte émotionnel, la métaphore de la grenouille qui se laisse bouillir peut être utilisée pour illustrer comment certaines personnes peuvent tolérer des niveaux élevés de stress, d'anxiété ou de malaise émotionnel, s'habituant progressivement à ces sentiments négatifs jusqu'à ce qu'ils deviennent accablants ou dangereux pour leur bien-être.

L'accoutumance émotionnelle peut conduire à plusieurs conséquences néfastes. Tout d'abord, cela peut entraîner une diminution de la sensibilité émotionnelle, où la personne devient moins réceptive ou réactive à ses propres émotions ou à celles des autres. Cela peut rendre plus difficile la reconnaissance et la gestion des émotions de manière saine et adaptative.

De plus, l'accoutumance émotionnelle peut contribuer à la persistance des problèmes émotionnels non résolus. Par exemple, si une personne est habituée à vivre avec un niveau élevé de stress chronique, elle peut être moins motivée à rechercher des solutions ou à apporter des changements à sa situation pour réduire ce stress.

En outre, l'accoutumance émotionnelle peut créer un cycle de dépendance aux émotions négatives, où la personne devient accro à la familiarité ou à la

28

prévisibilité de ces sentiments, même s'ils sont nuisibles à long terme. Cela peut rendre difficile le changement de comportement ou l'adoption de stratégies plus saines pour faire face aux défis émotionnels.

Il est donc essentiel de reconnaître les indices de l'accoutumance émotionnelle et de prendre des mesures pour y remédier avant qu'ils ne deviennent incontrôlables.

Le chapitre 6 se concentrera sur la prévention et la gestion des émotions en situation d'accoutumance émotionnelle.

2.3 QUELLES SONT LES CONSÉQUENCES DE MAL GÉRER SES ÉMOTIONS ?

La mauvaise gestion des émotions peut avoir de nombreuses conséquences néfastes sur différents aspects de la vie, tels que:

- La détresse émotionnelle persistante : Lorsque les émotions ne sont pas correctement gérées, elles peuvent s'accumuler et conduire à une détresse émotionnelle persistante. Par exemple, si une personne refoule régulièrement sa colère au lieu de l'exprimer de manière saine, cette colère non résolue peut se transformer en ressentiment, en amertume et finalement en dépression.

- Une diminution de l'estime de soi : Une mauvaise gestion des émotions peut également entraîner une diminution de l'estime de soi. Par exemple, si une personne se critique constamment ou se blâme pour ses émotions, elle peut développer des sentiments d'insuffisance ou de faible valeur personnelle, ce qui nuit à son estime d'elle-même.

- Stress, anxiété et dépression : La suppression ou la mauvaise gestion des émotions peut contribuer à l'accumulation de stress, d'anxiété et de dépression. Par exemple, si quelqu'un se sent constamment submergé par le stress au travail mais ne prend pas le temps de reconnaître et de gérer ses émotions, cela peut entraîner une anxiété chronique ou une dépression.

- Les conflits interpersonnels : Les émotions non gérées peuvent également conduire à des conflits interpersonnels. Par exemple, si une personne ne communique pas ouvertement et responsablement ses sentiments avec son partenaire, cela peut entraîner des malentendus, de la frustration et des conflits relationnels.

- Une communication inefficace : Une mauvaise gestion des émotions peut compromettre la communication. Par exemple, si quelqu'un est submergé par la colère lors d'une discussion, il pourrait réagir de manière agressive ou défensive, ce qui rend difficile une communication ouverte et constructive.

- Une détérioration des relations : Les conflits non résolus et la communication inefficace peuvent entraîner une détérioration des relations avec les autres. Par exemple, si une personne ne reconnaît pas ni ne gère sa jalousie envers un ami, cela peut conduire à une distance émotionnelle et à une rupture de relation.

- Une diminution de la productivité professionnelle : Le stress émotionnel et les conflits interpersonnels peuvent affecter la productivité au travail. Par exemple, si un employé est constamment stressé par des conflits avec ses collègues, cela peut affecter sa concentration, sa motivation et sa capacité à accomplir ses tâches efficacement.

- Une augmentation des conflits au travail : Les émotions non gérées ou mal gérées peuvent également entraîner une augmentation des conflits au travail. Par exemple, si un employé ne gère pas efficacement sa frustration envers un collègue, cela peut conduire à des tensions et des désaccords qui affectent l'harmonie et la collaboration dans l'équipe.

- Les comportements impulsifs ou destructeurs : Une mauvaise gestion des émotions peut conduire à des comportements impulsifs ou destructeurs. Par exemple, si quelqu'un utilise l'alcool ou les drogues pour éviter de faire face à ses émotions, cela peut entraîner une dépendance et des conséquences néfastes pour sa santé et ses relations.

- Des mauvaises décisions : La mauvaise gestion des émotions peut également influencer négativement le processus de prise de décision. Lorsque nous sommes submergés par des émotions intenses ou non résolues, notre capacité à prendre des décisions rationnelles et objectives peut être compromise. Par exemple, si nous sommes dominés par la peur ou l'anxiété, nous pourrions être enclins à éviter de prendre des décisions importantes par crainte de l'échec. De même, si nous sommes en proie à la colère ou à la frustration, nous pourrions prendre des décisions impulsives ou basées sur des réactions émotionnelles plutôt que sur une analyse rationnelle des faits. En conséquence, une mauvaise gestion des émotions peut entraîner des décisions précipitées, irréfléchies ou mal avisées, ce qui peut avoir des répercussions importantes sur notre vie personnelle et professionnelle.

Comme la mauvaise gestion des émotions peut avoir un large éventail de conséquences néfastes sur le bien-être émotionnel, relationnel et professionnel d'une personne, il est extrêmement important de reconnaître, comprendre et gérer efficacement nos émotions pour favoriser notre bien-être global et des relations saines avec les autres.

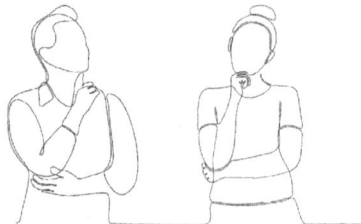

EXERCICE: AUTO-ÉVALUATION

Répondez aux questions suivantes pour vous aider à reconnaître les types de problèmes de gestion des émotions auxquels vous pourriez être confronté.

Lorsque vous répondez "parfois" ou "souvent", décrivez dans votre cahier de notes une expérience ou situation vécue qui s'applique.

Il est utile de vous remémorer ces situations en préparation à la lecture des chapitres suivants.

Surcharge émotionnelle

	Jamais	Rarement	Sais pas	Parfois	Souvent
Vous sentez-vous souvent submergé(e) par vos émotions ?	○	○	○	○	○
Éprouvez-vous des difficultés à faire face à plusieurs sources de stress ou de pression émotionnelle en même temps ?	○	○	○	○	○
Avez-vous du mal à vous détendre ou à retrouver votre calme après des situations stressantes ?	○	○	○	○	○
Ressentez-vous une tension émotionnelle constante dans votre vie quotidienne ?	○	○	○	○	○

Ann Brosseau

Non-acceptation des émotions et comportements défensifs

	Jamais	Rarement	Sais pas	Parfois	Souvent
Avez-vous tendance à minimiser ou à ignorer vos émotions ?	◯	◯	◯	◯	◯
Évitez-vous souvent de faire face à des sentiments désagréables ou douloureux ?	◯	◯	◯	◯	◯
Vous surprenez-vous à réprimer vos émotions pour éviter de les ressentir pleinement ?	◯	◯	◯	◯	◯
Éprouvez-vous des difficultés à reconnaître et à exprimer vos émotions de manière ouverte et authentique ?	◯	◯	◯	◯	◯
Avez-vous tendance à tenir les autres responsables de vos émotions ?	◯	◯	◯	◯	◯
Avez-vous tendance à blâmer, critiquer, accuser une personne quand vous vous sentez blâmé, critiqué, accusé ?	◯	◯	◯	◯	◯
Avez-vous tendance à vous justifier quand vous vous sentez jugée, critiquée ou coupable?	◯	◯	◯	◯	◯

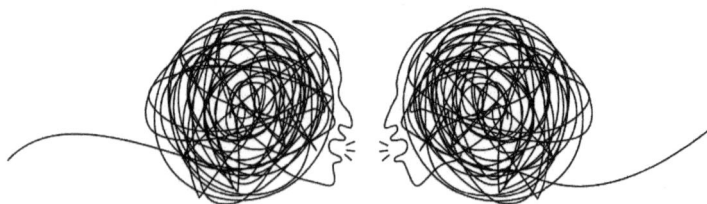

Présence d'émotions contradictoires

	Jamais	Rarement	Sais pas	Parfois	Souvent
Êtes-vous souvent confronté(e) à des sentiments contradictoires dans une même situation ?	○	○	○	○	○
Vous trouvez-vous souvent indécis(e) ou confus(e) quant à ce que vous ressentez réellement ?	○	○	○	○	○
Ressentez-vous parfois des émotions qui semblent en opposition les unes avec les autres ?	○	○	○	○	○
Éprouvez-vous des difficultés à comprendre ou à gérer des sentiments qui semblent contradictoires ?	○	○	○	○	○

Accoutumance émotionnelle

	Jamais	Rarement	Sais pas	Parfois	Souvent
Avez-vous l'impression de vivre avec des émotions négatives depuis si longtemps que vous ne les remarquez même plus ?	○	○	○	○	○
Éprouvez-vous une perte de réactivité émotionnelle, vous rendant incapable de ressentir des émotions ?	○	○	○	○	○
Éprouvez-vous une sorte de résignation ou de fatalisme face à vos émotions négatives ?	○	○	○	○	○
Avez-vous du mal à vous souvenir de la dernière fois que vous avez ressenti une émotion positive ou joyeuse de manière significative ?	○	○	○	○	○

Ann Brosseau

3. GÉRER LE STRESS CAUSÉ PAR LA SURCHARGE ÉMOTIONNELLE

Dans ce chapitre, nous plongerons dans l'univers de la gestion du stress en explorant les mécanismes sous-jacents à la surcharge émotionnelle. Pour ce faire, nous commencerons par définir le stress et examiner ses composantes, tout en mettant en lumière le lien étroit entre le stress et la surcharge émotionnelle.

Une fois que nous aurons établi ces fondements, nous explorerons des stratégies pratiques pour prévenir la surcharge émotionnelle et favoriser un équilibre émotionnel et mental optimal. Nous débuterons en abordant l'importance de la restructuration cognitive pour changer nos perceptions face au stimuli qui engendrent le stress, suivie de la nécessité de faire des choix par rapport aux éléments à éliminer dans notre vie.

Enfin, nous plongerons dans un chapitre plus approfondi sur différentes techniques de gestion du stress telles que la pleine conscience et le lâcher prise. Ces pratiques nous permettent de cultiver une présence consciente dans le moment présent et de développer une attitude de détachement face aux situations qui échappent à notre contrôle, favorisant ainsi la résilience et le bien-être émotionnel.

À travers ces explorations, notre objectif est de fournir des outils concrets et efficaces pour aider chacun à naviguer avec plus de sérénité à travers les turbulences de la vie, en cultivant une relation plus harmonieuse avec soi et avec la vie et en évitant la surcharge émotionnelle.

3.1 C'EST QUOI LE STRESS, EXACTEMENT ?

Le processus menant au stress implique plusieurs composantes interdépendantes : les stimuli, les demandes, les ressources et le stress résultant de l'équation où les exigences sont perçues comme étant plus grandes que les ressources disponibles.

Voici comment ces composantes fonctionnent ensemble :

1. **Les stimuli** sont les événements, situations ou facteurs externes et internes qui suscitent une réponse de stress. Ils peuvent être de nature variée, tels que des échéanciers au travail, des conflits relationnels, des changements de vie, des pressions financières, des problèmes de santé, etc.

2. Les stimuli sont perçus comme des **demandes**, c'est-à-dire des défis ou des pressions qui exigent une réponse de la part de

l'individu. Les demandes peuvent être perçues comme étant physiques, émotionnelles, cognitives ou sociales, et elles peuvent varier en termes de complexité et d'intensité.

3. **Les ressources** sont les capacités, les compétences, les connaissances et le soutien disponibles pour faire face aux demandes perçues. Elles peuvent être internes (telles que la résilience et les compétences en gestion du stress) ou externes (telles que le soutien social et les ressources matérielles) et jouent un rôle crucial dans la manière dont une personne réagit au stress.

4. **Le stress** résulte lorsqu'une personne perçoit les demandes comme étant plus grandes que les ressources disponibles pour y faire face. Cette perception d'un déséquilibre entre les exigences et les ressources crée un sentiment de pression, de tension ou de débordement, ce qui déclenche une réaction de stress physiologique, émotionnelle et comportementale.

Imaginons un scénario où Mathilde, une jeune professionnelle, fait face à plusieurs stimuli stressants dans sa vie quotidienne :

Mathilde travaille dans une entreprise où elle occupe un poste exigeant qui nécessite souvent des heures supplémentaires pour respecter les délais serrés. Ces exigences professionnelles constituent un premier stimulus stressant pour elle, qui perçoit la demande de performances élevées et de disponibilité constante comme une pression constante.

En plus de ses responsabilités professionnelles, Mathilde est également impliquée dans une relation amoureuse qui connaît des tensions et des conflits récurrents. Les difficultés relationnelles avec son partenaire représentent un deuxième stimulus stressant pour elle, où elle ressent la demande d'harmonie et de stabilité émotionnelle dans sa relation.

Parallèlement à cela, Mathilde est également en train de terminer ses études universitaires à temps partiel, dans le cadre d'un programme exigeant. Les exigences académiques, notamment les devoirs, les examens et les travaux de groupe, constituent un troisième stimulus stressant pour elle, où elle perçoit la demande de réussite académique et d'équilibre entre ses études et son travail.

Enfin, Mathilde doit également jongler avec des responsabilités familiales, notamment s'occuper de sa mère âgée qui nécessite une attention supplémentaire en raison de problèmes de santé récents. Les préoccupations concernant le bien-être de sa mère ajoutent un quatrième stimulus stressant à sa vie, où elle perçoit la demande de concilier ses responsabilités familiales avec ses autres engagements.

Dans ce scénario, Mathilde est confrontée à plusieurs stimuli dans différents domaines de sa vie, et chaque stimulus est associé à la perception d'une demande ou d'une attente de réponse de la part de Mathilde.

La combinaison de ces multiples demandes peut créer une perception de déséquilibre entre les exigences perçues et les ressources disponibles, ce qui peut déclencher une réaction de stress chez Mathilde.

Chaque stimulus agit également comme un déclencheur d'émotions et la quantité d'émotions à gérer peut rendre la gestion des émotions difficiles, parce que Mathilde pourrait manquer de ressources et se sentir submergée par les émotions et le stress qui en découle.

Le schéma suivant illustre le processus menant au stress et à la surcharge émotionnelle, ainsi que les "formules" qui déterminent si une personne sera en mesure ou non de gérer son stress et éviter la surcharge émotionnelle.

PROCESSUS DE GESTION DU STRESS

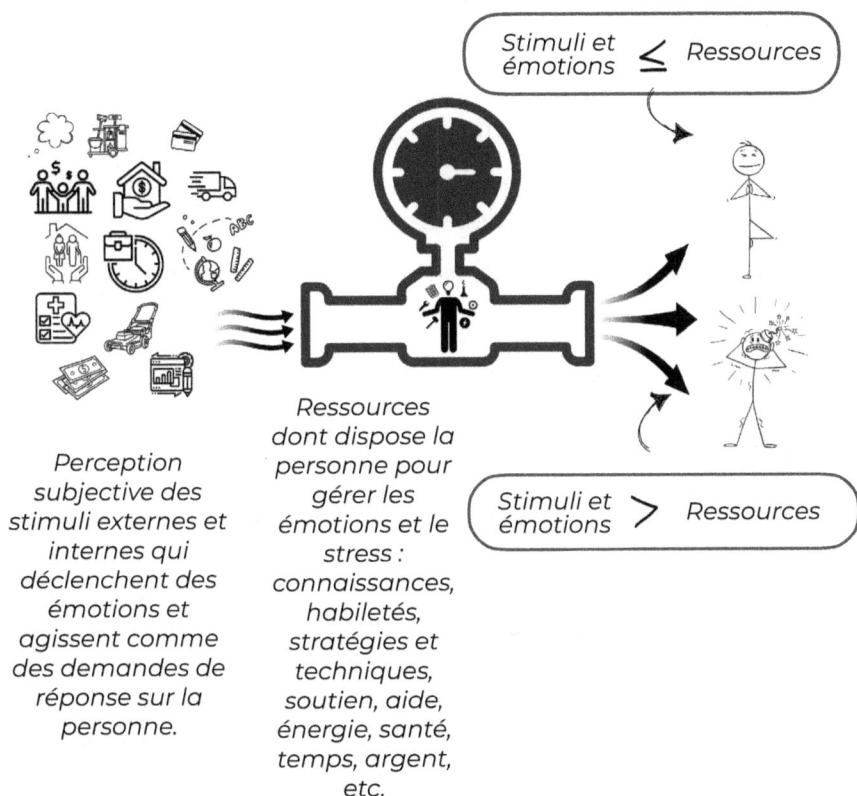

Stimuli et émotions ≤ Ressources

Stimuli et émotions > Ressources

Perception subjective des stimuli externes et internes qui déclenchent des émotions et agissent comme des demandes de réponse sur la personne.

Ressources dont dispose la personne pour gérer les émotions et le stress : connaissances, habiletés, stratégies et techniques, soutien, aide, énergie, santé, temps, argent, etc.

Pour bien gérer son stress et éviter la surcharge émotionnelle, on doit donc disposer d'autant ou de plus de ressources qu'il y a de stimuli et d'émotions qui exigent une réponse de notre part, selon notre perception (qu'on appelle "la demande").

Si "votre équation" démontre que vous composez avec davantage de stimuli et de demandes que les ressources dont vous disposez, vous pourriez rétablir l'équation en faisant l'une ou plusieurs des choses suivantes :

1. Réduire les stimuli qui exigent une réponse de vous.

2. Transformer vos perceptions des stimuli et émotions avec lesquels vous devez composer.

3. Vous doter de plus de ressources pour gérer les stimuli.

Reprenons l'exemple de Mathilde pour voir comment elle pourrait avoir recours à chacune de ces méthodes pour "rétablir l'équation".

1. Mathilde pourrait décider de réduire la demande en ajustant son emploi du temps. Elle pourrait demander à son patron si elle peut déléguer certaines tâches moins urgentes à ses collègues ou si elle peut reporter certains projets non prioritaires. Cela réduirait la pression au travail et lui permettrait de se concentrer sur les tâches les plus importantes, réduisant ainsi le nombre de stimuli demandant une réponse de sa part.

2. Mathilde pourrait travailler sur sa manière de percevoir et de répondre aux stimuli stressants. Elle pourrait commencer à pratiquer la reformulation cognitive (que nous verrons plus en détail un peu plus loin et qui ressemble à la remise en question des croyances, dont nous avons parlé dans le Tome

l) pour changer sa façon de voir les défis auxquels elle est confrontée. Par exemple, elle pourrait commencer à voir les délais serrés comme des opportunités pour développer ses compétences en gestion du temps plutôt que comme des obstacles insurmontables. Elle pourrait décider qu'elle n'a pas absolument besoin d'obtenir des A dans tous ces cours et de se concentrer sur ce qu'elle apprend et l'obtention du diplôme plutôt que sur son degré de réussite scolaire.

3. Pour augmenter ses ressources, Mathilde pourrait décider d'investir dans des livres qui traitent de la gestion du temps, du stress et des émotions. Elle pourrait se rendre dans une librairie spécialisée et choisir quelques ouvrages recommandés par des experts en psychologie et en développement personnel. En lisant ces livres, Mathilde pourrait acquérir de nouvelles connaissances et compétences qu'elle pourrait mettre en pratique dans sa vie quotidienne, pour mieux gérer son temps, son stress et ses émotions.

En combinant ces trois approches, Mathilde peut progressivement réduire son niveau de stress et améliorer sa capacité à faire face aux stimuli stressants de manière plus efficace et constructive.

EXERCICE: ESTIMEZ VOTRE ÉQUATION DE STRESS

Prenez le temps de penser à votre propre "équation".

- Quels sont les stimuli qui exigent une réponse de vous ? Notez les dans l'encadré de gauche.

- De quelles ressources disposez vous ? Notez les dans l'encadré de droite.

- Selon vous, quel "signe" (<, >, =) représenterait votre perception de la relation entre les demandes et les ressources ? Insérez-le dans le cercle et encerclez le personnage qui vous représente le mieux par conséquent (celui qui est zen ou celui qui est stressé).

Les stimuli qui exigent une réponse de vous (demandes) :

Vos ressources :

· Y a-t-il d'après vous des stimuli dans votre vie que vous pourriez voir différemment ? Si oui, comment ?

· Y a-t-il des stimuli dans votre vie qui pourraient et devraient être éliminés ? Comment ?

· Pour accroître vos ressources pour gérer le stress et les émotions, de quoi croyez-vous avoir besoin ? Qu'est-ce qui pourrait aider ?

3.2 COMMENT PUIS-JE ÉLIMINER OU RÉDUIRE LES SOURCES DE STRESS ?

Comme nous l'avons vu, une des façons d'améliorer notre capacité à gérer le stress consiste à éliminer les stimuli qui sont des éléments internes ou externes qui constituent des demandes, c'est-à-dire des pressions à y répondre. Nous pourrions appeler ces stimuli des "sources" de stress, même s'il faut toujours garder à l'esprit que ces "sources" vont au-delà des simples stimuli dans "l'équation du stress".

LES CERCLES DE CONTRÔLE, D'NIFLUENCE ET DE PRÉOCCUPATIONS

Dans le Tome I de cette série, *Me découvrir, me comprendre, m'accueillir*, nous avons présenté le concept de cercles de contrôle, d'influence et de préoccupations de Stephen Covey comme modèle permettant de prendre des décisions quant à ce qu'on l'on souhaite changer dans notre vie.

C'est un modèle qui est aussi très utile pour la gestion du stress, car il permet, une fois qu'on a identifié les choses dans notre vie qui causent du stress, de les classifier pour éclairer la prise de décision :

· Dans le **cercle de contrôle**, on retrouve les sources de stress sur lesquelles on a un contrôle. Il s'agira des sources de stress internes ou des activités qui relèvent entièrement de nous, comme nos perceptions, nos attentes, les choses qu'on choisit de faire, nos habitudes, etc. On voudra se concentrer d'abord sur les activités qui se retrouvent dans ce cercle, car leur diminution ou élimination relève entièrement de nous. Notez que les sources internes de stress qu'on pourrait retrouver dans ce cercle pourrait exiger énormément de travail sur soi, car elles touchent parfois à des valeurs et à des croyances très ancrées.

• Dans le **cercle d'influence**, on retrouvera les sources de stress sur lesquelles on n'a pas de contrôle, mais qu'on peut influencer. Il s'agira des sources de stress qui relèvent en partie de nous, mais qui impliquent aussi d'autres personnes. On y retrouvera les responsabilités liées au travail et à la famille, les relations avec le conjoint et les amis, les engagements de couple ou de famille, etc. En général, une fois qu'on a réduit ou éliminé les activités qui se trouvaient dans le cercle de contrôle, on fera un choix parmi ceux-ci, selon l'importance qu'un changement pourrait entraîner et les ressources requises pour en effectuer la réduction ou l'élimination.

• Dans le cercle des **préoccupations**, on retrouvera les sources de stress sur lesquelles on n'a pas de contrôle et qu'on ne peut pas influencer. On y retrouvera des sources de stress comme nos inquiétudes à propos de choses qu'on ne peut pas changer, incluant les inquiétudes par rapport à un futur imaginé, les regrets par rapport au passé, le climat, la situation économique, etc.

Le schéma suivant est un rappel du modèle de Covey, où on présente des exemples de sources de stress classifiées selon le degré de contrôle et d'influence.

LES CERCLES DE CONTRÔLE, D'INFLUENCE ET DE PRÉOCCUPATIONS

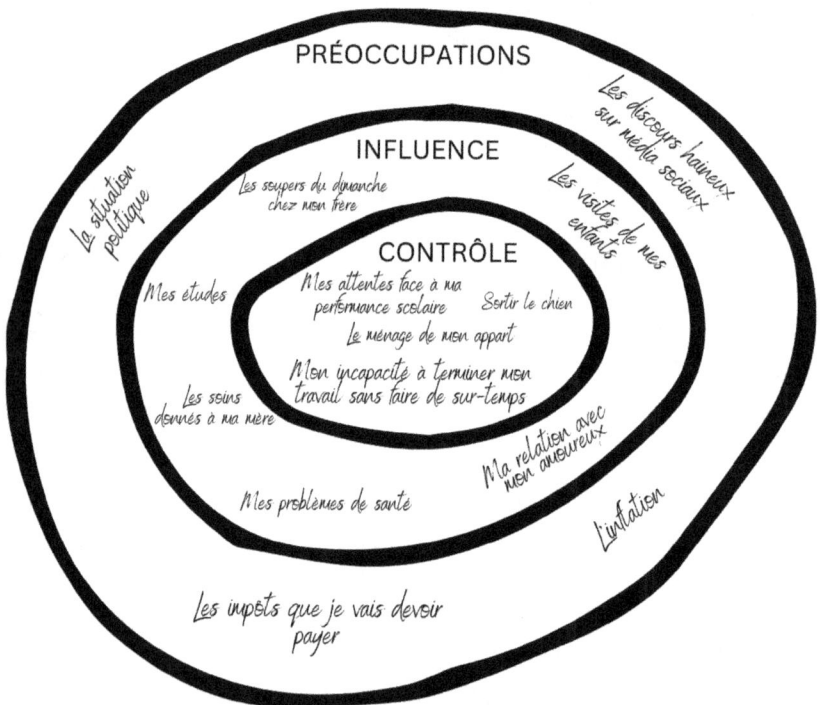

PRÉOCCUPATIONS

INFLUENCE

CONTRÔLE

Les discours haineux sur média sociaux

La situation politique

Les soupers du dimanche chez mon frère

Les visites de mes enfants

Mes études

Mes attentes face à ma performance scolaire

Sortir le chien

Le ménage de mon appart

Mon incapacité à terminer mon travail sans faire de sur-temps

Les soins donnés à ma mère

Ma relation avec mon amoureux

Mes problèmes de santé

L'inflation

Les impôts que je vais devoir payer

Une fois les sources de stress répertoriées dans les cercles, on peut faire le choix de ce qu'on souhaite changer, en cessant ou en interrompant une activité, en diminuant la fréquence d'une activité ou en déléguant certaines tâches.

On peut aussi identifier des sources de stress qu'on souhaite changer, mais qui exigeront plus de temps ou d'efforts, comme les changements dans les attentes ou les perceptions.

Disons que les sources de stress présentées dans les cercles sont celles identifiées et répertoriées par Anna.

En commençant par l'intérieur et en s'en allant vers l'extérieur, Anna peut passer en revue chaque source de stress et se demander:

· Est-ce que je peux faire quelque chose ?

· Qu'est-ce que je pourrais faire ?

· Quelle différence ça pourrait faire ?

· Est-ce que c'est quelque chose que je suis prête à faire ?

· Est-ce que ça vaut la peine de le faire (compte tenu des réponses aux deux questions précédentes) ?

Après cet exercice de classification et d'analyse, Anna décide de faire les changements suivants pour réduire ou éliminer les sources de stress:

· Elle va engager quelqu'un pour faire le ménage de son appartement.

· Elle va demander à son amoureux de sortir les chiens deux fois par semaine. Du coup, s'il accepte, la relation pourrait s'améliorer car sa frustration avec lui est en partie liée au fait qu'elle est beaucoup plus occupée que lui et qu'il se plaint qu'elle n'a pas d'énergie pour faire des choses avec lui.

- Elle va parler à son patron pour lui dire qu'elle doit absolument trouver une façon de ne pas avoir de sur-temps à faire, car elle veut prioriser sa santé. Anna est prête à changer d'emploi s'il le faut.

- Anna va s'occuper de sa santé en prenant rendez-vous à la clinique. Elle prendra congé du travail s'il le faut.

- Anna va demander à son frère de prendre la relève auprès de leur mère pendant les deux prochaines semaines, le temps qu'elle régularise sa charge de travail.

- Comme Anna sait qu'elle est exigeante envers elle-même à cause de ses perceptions et croyances, elle décide aussi d'aller chercher l'aide d'une coach. De cette façon, elle devrait aussi développer des habiletés pour mieux gérer son stress.

EXERCICE: RÉDUIRE OU ÉLIMINER LES SOURCES DE STRESS GRÂCE AUX CERCLE DE CONTRÔLE, D'INFLUENCE ET DE PRÉOCCUPATIONS

Reproduisez le schéma des cercles dans votre cahier de notes, tels qu'ils sont présentés dans le diagramme suivant.

Dans un premier temps, pensez aux sources de stress dans votre vie et notez-les dans le cercle approprié.

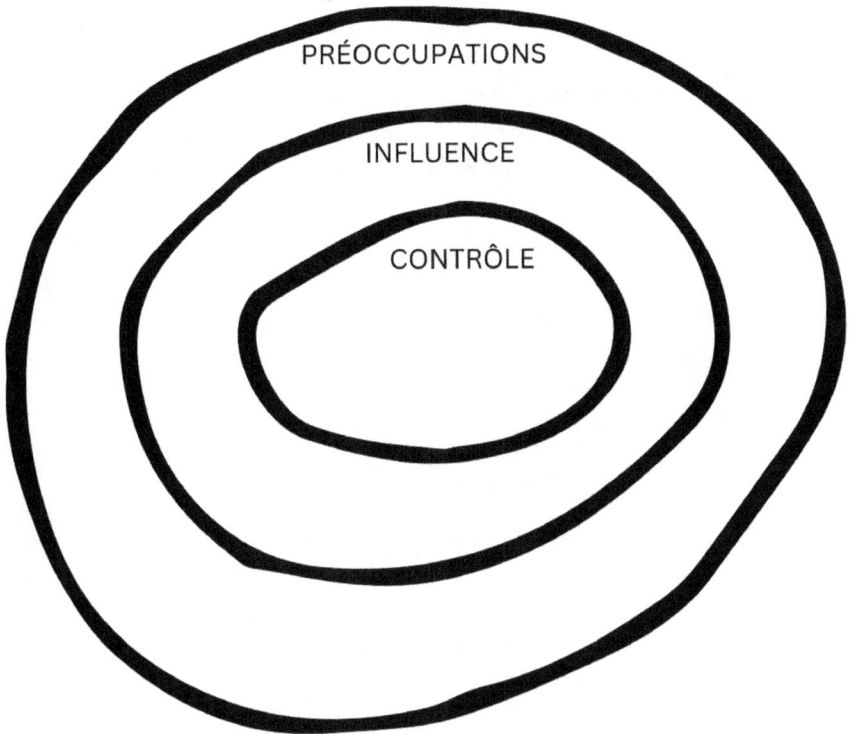

PRÉOCCUPATIONS

INFLUENCE

CONTRÔLE

Ensuite, en commençant par l'intérieur et en allant vers l'extérieur, passez en revue chaque source de stress et demandez-vous :

- Est-ce que je peux faire quelque chose ?
- Qu'est-ce que je pourrais faire ?

- Quelle différence ça pourrait faire ?

- Est-ce que c'est quelque chose que je suis prête à faire ?

- Est-ce que ça vaut la peine de le faire (compte tenu des réponses aux deux questions précédentes) ?

Après cet exercice de classification et d'analyse, décidez des changements que vous allez apporter dans votre vie pour de réduire ou éliminer les sources de stress. Notez-les ici.

TECHNIQUE DE GESTION DES PRIORITÉS

Si vous avez une préférence pour les listes plutôt que pour les schémas, vous pourriez apprécier la technique de gestion des priorités.

Cette approche consiste à évaluer attentivement les différentes demandes et engagements de notre vie, puis à hiérarchiser et à faire des choix conscients quant à ce qui est le plus important et ce qui peut être laissé de côté ou délégué.

Voici comment vous pouvez appliquer cette méthode :

1. **Identifiez les stimuli stressants** : Prenez le temps de réfléchir aux différents aspects de votre vie qui contribuent au stress. Cela peut inclure des engagements professionnels, des responsabilités familiales, des activités sociales, etc. Faites-en la liste.

2. **Évaluez les priorités** : Passez en revue votre liste d'engagements, activités et responsabilités, et identifiez ce qui est vraiment important et ce qui peut être considéré comme secondaire. Posez-vous des questions telles que : "Quelles tâches sont essentielles pour atteindre mes objectifs ?", "Quelles activités me procurent le plus de satisfaction ou donnent le plus de sens à ma vie ?", "Qu'est-ce qui contribue le plus à mon bien-être et à ma santé mentale ?". Vous pouvez leur attribuer des numéros selon le degré d'importance pour vous (par exemple, des priorités de niveau 1 seraient plus importantes que des priorités de niveau 2). Si vous hésitez entre 1

et 2, vous trouverez peut-être plus pratique d'avoir trois niveaux de priorité.

3. **Éliminez ou réduisez les stimuli non essentiels** : Une fois que vous avez identifié les engagements ou les activités qui ne sont pas prioritaires, prenez des mesures pour les éliminer ou les réduire. Cela peut impliquer de refuser des
invitations à des événements sociaux, de déléguer des tâches au travail, ou même de simplifier votre emploi du temps en limitant les distractions et les activités non essentielles.

En utilisant cette approche de gestion des priorités, vous pouvez réduire de manière proactive les stimuli stressants dans votre vie, ce qui peut contribuer à un meilleur équilibre et à une plus grande tranquillité d'esprit.

La meilleure façon pour vous de voir ce que vous préférerez comme méthode est de les essayer toutes les deux!

EXERCICE: APPLIQUER LA TECHNIQUE DE GESTION DES PRIORITÉS POUR RÉDUIRE OU ÉLIMINER LES SOURCES DE STRESS

1. Identifiez les stimuli stressants : Prenez le temps de réfléchir aux différents aspects de votre vie qui contribuent au stress. Cela peut inclure des engagements professionnels, des responsabilités familiales, des activités sociales, etc. Faites-en la liste.

2. Évaluer les priorités : Passez en revue votre liste d'engagements, activités et responsabilités, et identifiez ce qui est vraiment important et ce qui peut être considéré comme secondaire. Posez-vous des questions telles que :

   - Quelles tâches sont essentielles pour atteindre mes objectifs ?

   - Quelles activités me procurent le plus de satisfaction ou donnent le plus sens à ma vie ?"

   - "Qu'est-ce qui contribue le plus à mon bien-être et à ma santé mentale ?

3. En fonction des réponses à ces questions, attribuez un niveau de priorité à chaque engagement, activité, responsabilité selon l'échelle suivante:

Niveau de priorité élevé	Niveau de priorité moyen	Niveau de priorité faible
1	2	3

4. Planifiez l'élimination ou la réduction des stimuli non essentiels : Une fois que vous avez identifié les engagements ou les activités qui ne sont pas prioritaires, prenez des mesures pour les éliminer ou les réduire. Commencez par les activés de niveau 3, puis celles de niveau 2.

   Vous devriez être en mesure de réduire ou d'éliminer toutes les activités de niveau 3. Il se peut cependant que vous n'apportiez pas de changement à toutes les activités de niveau 2. Cela dépend de l'énergie et du temps requis pour remplir une obligation ou faire une activité, comparés à l'énergie et le temps requis pour la réduire ou l'éliminer.

Indiquez ce que vous allez faire pour réduire ou éliminer les stimuli non essentiels.

LE LÂCHER PRISE

Le lâcher-prise est une stratégie de gestion du stress qui implique de libérer consciemment le contrôle sur les situations ou les émotions sur lesquelles nous n'avons pas de pouvoir immédiat. Plutôt que de lutter contre ce qui est hors de notre contrôle, le lâcher-prise nous encourage à accepter les choses telles qu'elles sont et à nous détacher émotionnellement des résultats attendus.

Cette approche repose sur la reconnaissance que certaines choses dans la vie ne peuvent pas être changées ou contrôlées, et qu'essayer de les contrôler ne fait qu'augmenter notre stress et notre anxiété. En lâchant prise, nous choisissons de nous concentrer sur ce que nous pouvons contrôler : nos pensées, nos actions et nos réactions.

En lâchant prise, nous apprenons à faire confiance au processus de la vie et à nous ouvrir à de nouvelles possibilités. Cela peut nous aider à réduire notre niveau de stress, à améliorer notre bien-être émotionnel et à renforcer notre résilience face aux défis de la vie.

Sur le plan émotionnel, le lâcher prise peut se manifester par une sensation de soulagement, de calme intérieur et de détachement par rapport aux résultats ou aux attentes. C'est un acte de confiance envers soi-même et envers l'univers, reconnaissant que tout se déroule comme il se doit, même si cela ne correspond pas à nos désirs ou à nos plans initiaux.

Physiquement, le lâcher prise peut se traduire par une relaxation des muscles et une respiration plus profonde et plus régulière. C'est comme relâcher la tension accumulée dans le corps, permettant ainsi un état de bien-être et de tranquillité.

Le lâcher prise ne signifie pas abandonner ou être passif. Au contraire, il s'agit d'une forme de puissance personnelle où l'individu choisit de s'aligner avec le flux de la vie plutôt que de lutter contre lui. Cela peut conduire à une plus grande ouverture d'esprit, à une créativité accrue et à une meilleure capacité à gérer le stress et les défis de manière saine et constructive. En fin de compte, le lâcher prise peut être une voie vers la paix intérieure et le contentement.

Voici un bref aperçu d'exercices que vous pouvez essayer pour vous aider à lâcher prise (certains d'entre eux reviendront et seront approfondis dans la section suivante).

- La respiration consciente : Asseyez-vous confortablement dans un endroit calme. Fermez les yeux et concentrez-vous sur votre respiration. Prenez des respirations lentes et profondes. Laissez vos pensées venir et partir sans vous y accrocher. Concentrez-vous simplement sur le flux et le reflux de votre respiration.

- La méditation guidée : Cherchez des enregistrements audio ou des vidéos de méditation guidée sur Internet. Ces méditations vous guideront à travers un processus de relaxation profonde, vous aidant à lâcher prise et à libérer les tensions mentales et physiques.

- Le mouvement conscient : Engagez-vous dans une activité physique douce et consciente, comme le yoga, le tai-chi ou la marche en pleine conscience. Concentrez-vous sur les sensations de votre corps en mouvement et sur votre respiration. Laissez aller les pensées qui viennent à votre esprit sans les juger.

- L'écriture libre : Prenez un stylo et du papier et laissez vos pensées s'écouler librement. Ne vous censurez pas et ne vous attachez pas à ce que vous écrivez. Laissez simplement vos pensées sortir de votre esprit et sur le papier. Cela peut vous aider à libérer les tensions mentales.

- La visualisation : Asseyez-vous confortablement et imaginez-vous dans un endroit calme et paisible, comme une plage déserte ou une forêt tranquille. Visualisez tous les détails de cet endroit et laissez-vous immerger dans la tranquillité de votre imagination.

- Pratiquer la gratitude : Prenez quelques minutes chaque jour pour réfléchir à ce pour quoi vous êtes reconnaissant. Concentrez-vous sur les aspects positifs de votre vie et laissez aller les soucis et les préoccupations.

Vous pouvez pratiquer une de ces techniques ou en combiner quelques unes pour créer une routine de relaxation régulière. L'essentiel est de trouver ce qui fonctionne le mieux pour vous et de pratiquer régulièrement pour cultiver le lâcher prise.

LES HABITUDES DE VIE SAINES

Plusieurs études ont révélé que la gestion du stress est étroitement liée aux habitudes de vie saine telles que le repos, le sommeil et l'alimentation. Voici un aperçu de ces liens:

- Sommeil: Un sommeil de qualité est essentiel pour gérer efficacement le stress et les émotions. Le manque de sommeil peut aggraver les niveaux de stress et rendre plus difficile la gestion des émotions. En revanche, un sommeil adéquat favorise la résilience mentale, améliore la concentration et aide à maintenir un état d'esprit positif.

- Alimentation : Une alimentation équilibrée et nutritive peut avoir un impact significatif sur la gestion du stress et des émotions. Des études ont montré que certains aliments peuvent influencer la chimie cérébrale et affecter notre humeur. Par exemple, les aliments riches en sucres ajoutés et en gras saturés peuvent contribuer à des

fluctuations émotionnelles, tandis que les aliments riches en nutriments comme les fruits, les légumes et les protéines maigres peuvent soutenir la santé mentale et émotionnelle.

- Exercice physique : L'exercice régulier est un moyen efficace de réduire le stress et d'améliorer l'humeur. Lorsque vous vous entraînez, votre corps libère des endorphines, des hormones qui agissent comme des analgésiques naturels et des euphorisants, ce qui peut aider à atténuer les sentiments de stress et d'anxiété. De plus, l'exercice régulier peut favoriser un meilleur sommeil et améliorer la confiance en soi, ce qui contribue également à une meilleure gestion du stress.

En résumé, les habitudes de vie saine, y compris le repos, le sommeil, l'alimentation équilibrée, et l'exercice physique jouent un rôle crucial dans la gestion du stress et de la surcharge émotionnelle. En adoptant ces pratiques, vous pouvez renforcer votre capacité à faire face aux défis de la vie quotidienne et à maintenir un bien-être mental et émotionnel optimal.

Stress et habitudes de vie

De nombreuses études ont examiné le lien entre les habitudes de vie saines et la gestion du stress. Par exemple, une étude publiée dans le *Journal of Occupational and Environmental Medicine* en 2019 a examiné l'effet de l'activité physique sur le stress perçu chez les employés de bureau. Les chercheurs ont constaté que les participants qui pratiquaient régulièrement une activité physique avaient des niveaux de stress perçu plus faibles que ceux qui étaient sédentaires.

Une autre étude, publiée dans *Psychoneuroendocrinology* en 2017, a examiné les effets de l'alimentation sur la réponse au stress. Les chercheurs ont constaté que les participants qui consommaient un régime alimentaire riche en fruits, légumes et aliments entiers avaient des niveaux d'hormones de stress plus faibles en réponse à des situations stressantes par rapport à ceux qui consommaient un régime alimentaire riche en aliments transformés et en sucres ajoutés.

Ces études, parmi d'autres, soulignent l'importance des habitudes de vie saines, telles que l'activité physique et une alimentation équilibrée, dans la gestion du stress. Elles suggèrent que des choix de vie positifs peuvent avoir un impact significatif sur notre capacité à faire face au stress quotidien.

3.3 COMMENT PUIS-JE CHANGER MES PERCEPTIONS POUR RÉTABLIR L'ÉQUATION DU STRESS ?

Dans cette section, nous explorerons le pouvoir de nos perceptions et croyances sur notre expérience du stress. Nous découvrirons comment la manière dont nous percevons les événements et les situations peut influencer notre niveau de stress, et comment changer nos perceptions peut conduire à une réduction significative du stress dans notre vie quotidienne.

En examinant de près nos pensées et nos interprétations, nous réaliserons que le stress n'est pas simplement causé par des événements extérieurs, mais aussi par la manière dont nous les percevons et les interprétons. Nous découvrirons comment des perceptions négatives ou déformées peuvent amplifier notre réaction au stress, tandis que des perceptions positives et réalistes peuvent nous aider à mieux faire face aux défis.

Pour ce faire, nous proposerons quelques techniques et stratégies pour changer nos perceptions face au stress. Nous apprendrons à identifier les schémas de pensée négatifs et à les remplacer par des pensées plus positives et constructives. Nous découvrirons également comment cultiver une perspective de gratitude et de résilience qui nous permettra de mieux naviguer à travers les hauts et les bas de la vie.

En adoptant une approche proactive pour changer nos perceptions, l'objectif est de libérer notre esprit des schémas de pensée qui alimentent le stress et nous permettre d'aborder les défis de la vie avec calme et confiance.

LA REFORMULATION COGNITIVE
(ou RESTRUCTURATION COGNITIVE)

Cette technique consiste à identifier et à remettre en question les pensées négatives ou irrationnelles qui contribuent au stress. En reformulant nos pensées de manière plus réaliste et positive, nous pouvons changer notre perception des situations stressantes et réduire leur impact émotionnel.

Voyons comment Monique applique cette technique:

Monique, une femme de 65 ans, se prépare à prendre sa retraite après une longue carrière dans l'enseignement. Alors qu'elle anticipe cette transition majeure dans sa vie, elle ressent un mélange d'excitation et d'anxiété. Elle se demande comment elle va occuper son temps libre et si elle sera capable de maintenir un sentiment de bien-être et de satisfaction.

Monique commence à ressentir des pensées négatives et des doutes quant à sa capacité à profiter pleinement de sa retraite. Elle se dit : "Je vais m'ennuyer sans mon travail", "Je ne suis pas prête pour cette étape de ma vie", "Je vais perdre mon identité professionnelle".

Cependant, Monique se souvient des techniques de la reformulation cognitive qu'elle a apprises lors d'un atelier sur la gestion du changement. Elle décide donc de les appliquer pour changer ses perceptions et réduire son niveau de stress.

Dans un premier temps, Monique identifie les pensées négatives qui sont sources de stress: "Je vais m'ennuyer sans mon travail", "Je ne suis pas prête pour cette étape de ma vie" et "Je vais perdre mon identité professionnelle".

Dans un deuxième temps, Monique remet en question ses pensées. Elle se demande si ces pensées sont basées sur des faits réels. Elle réalise qu'elles sont davantage le produit de ses craintes face à l'inconnu que d'une réalité concrète.

Dans un troisième temps, Monique se met à la recherche de preuves contraires. Ainsi, elle se rappelle des moments de bonheur et de satisfaction qu'elle a déjà vécus pendant ses congés et ses vacances. Elle se souvient également des projets qu'elle a toujours voulu réaliser mais qu'elle n'a pas eu le temps d'explorer en raison de son travail.

Pour terminer, Monique remplace ses pensées négatives par des pensées plus réalistes et positives : "Je vais enfin pouvoir consacrer du temps à mes passions et à mes loisirs", "La retraite est une nouvelle aventure qui offre de nombreuses opportunités de croissance et d'épanouissement".

Monique pratique régulièrement cette technique chaque fois qu'elle ressent des doutes ou des inquiétudes concernant sa retraite. Elle prend l'habitude de remettre en question ses pensées négatives et de les reformuler de manière positive.

Grâce à cette pratique régulière de la reformulation cognitive, Monique parvient à aborder sa retraite avec plus de confiance et d'optimisme. Elle se sent mieux préparée pour embrasser cette nouvelle étape de sa vie avec sérénité et enthousiasme, tout en profitant pleinement de son rôle de grand-mère.

Le schéma suivant résume les étapes de cette technique.

TECHNIQUE DE REFORMULATION COGNITIVE

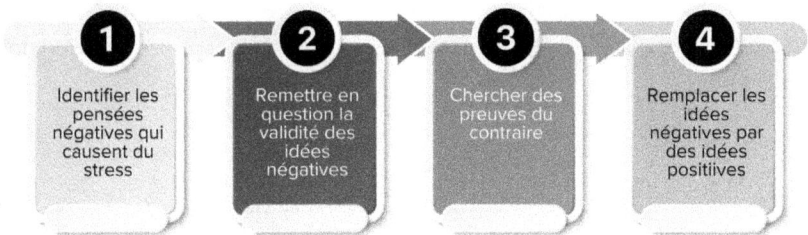

1	2	3	4
Identifier les pensées négatives qui causent du stress	Remettre en question la validité des idées négatives	Chercher des preuves du contraire	Remplacer les idées négatives par des idées positiives

Ann Brosseau

EXERCICE: APPLIQUER LA TECHNIQUE DE REFORMULATION COGNITIVE

Prenez le temps de réfléchir aux différents aspects de votre vie qui contribuent au stress.

1. Identifiez au moins une pensée négative qui engendre du stress pour vous.

_____

_____

_____

_____

2. Remettez en question cette pensée négative. Est-ce que votre passé confirme en tout temps que cette pensée est vraie, basée sur des faits observables et incontestables? Notez vos réflexions à ce sujet.

_____

_____

_____

_____

_____

_____

_____

68

3. Cherchez des preuves du contraire. Pensez à des faits ou des situations qui ont démontré que cette pensée négative est fausse (même si pas tout le temps). Notez vos réflexions à ce sujet.

_____

_____

_____

_____

_____

_____

_____

_____

4. En vous basant sur votre réflexion, remplacez votre pensée négative par une pensée positive. Notez-la. (Et répétez-vous le souvent !)

_____

_____

_____

_____

_____

Ann Brosseau

LA PRATIQUE DE LA GRATITUDE

La technique de la gratitude est une puissante technique pour changer nos perceptions et cultiver une perspective positive sur la vie. En se concentrant sur ce qui va bien dans notre vie et en reconnaissant l'existence de ces choses, nous pouvons entraîner notre esprit à adopter une attitude plus optimiste, ce qui peut réduire le stress.

Notez qu'il ne s'agit pas de fuir les émotions négatives en se perdant dans un monde imaginaire merveilleux, mais bien de reculer pour avoir une vue d'ensemble complète, qui inclut à la fois des choses déplaisantes, mais aussi de belles et bonnes choses.

Prenez le temps de regardez l'image suivante. Que voyez-vous ?

Il est tout à fait normal, lorsque quelque chose de déplaisant nous arrive, que cela puisse occuper une place prépondérante dans notre esprit et influencer notre perception des événements ultérieurs. Cette tendance est souvent appelée « focalisation sur le négatif » ou « effet de tunnel ». Lorsque nous sommes confrontés à une expérience désagréable ou stressante, notre attention peut être captivée par cet événement, au point de filtrer notre vision du monde et de teinter le reste de notre expérience humaine.

Cette réaction est en partie due à l'évolution de notre cerveau, qui est programmé pour détecter et réagir plus fortement aux menaces potentielles afin de nous protéger. Ainsi, lorsque quelque chose de négatif se produit, notre cerveau peut amplifier cette information afin de nous alerter d'un potentiel danger.

De plus, nos pensées et nos émotions sont étroitement liées, de sorte que lorsque nous nous concentrons sur quelque chose de négatif, cela peut influencer notre état émotionnel et notre perception des événements futurs. Par exemple, si nous avons eu une dispute avec un ami le matin, cela peut colorer notre humeur pour le reste de la journée, nous rendant plus sensibles aux autres événements qui se produisent.

Il est important de reconnaître cette tendance naturelle à focaliser sur le négatif, mais aussi de prendre conscience de son impact sur notre bien-être émotionnel.

En développant une conscience de nos pensées et de nos émotions, nous pouvons apprendre à mettre en perspective les événements désagréables et à ne pas les laisser dominer notre expérience humaine dans son ensemble. Cela peut inclure la pratique de la gratitude ou simplement prendre du recul pour se rappeler quelle est la vue d'ensemble.

Prenez le temps de regardez l'image suivante. Que voyez-vous maintenant ?

Dans cette image, la crevaison existe toujours. Mais la réalité est tellement plus que cette crevaison ! La réalité inclut une belle route dans la nature, des cris de joie d'enfants qui s'amusent, le regard curieux d'un faon et la chance de faire une crevaison à quelques pas d'un garage! La prochaine fois qu'il vous arrivera un événement stressant, essayez de prendre un recul pour relativiser. Pensez à ces deux images !

Voici un exercice simple en quatre étapes pour pratiquer la gratitude et cultiver une perspective positive sur la vie :

1. Choisissez un moment calme et confortable. Trouvez un endroit tranquille où vous pouvez vous détendre pendant quelques minutes, loin des distractions. Asseyez-vous confortablement et prenez quelques respirations profondes pour vous détendre.

2. Pensez à ce qui va bien dans votre vie : Cela peut inclure des aspects de votre santé, des relations avec vos proches, des réalisations personnelles, des expériences positives, ou même des petits moments de bonheur au quotidien, comme bercer un enfant, caresser son chien ou manger le premier cornet de crème glacée de l'été.

3. Exprimez votre gratitude de manière consciente : Prenez un moment pour exprimer votre gratitude pour chaque élément que vous avez identifié. Vous pouvez le faire mentalement, en prononçant des mots de remerciement ou en écrivant dans un journal de gratitude. Soyez spécifique et sincère dans votre expression de gratitude.

4. Ressentez la gratitude dans tout votre être : Prenez le temps de ressentir pleinement la gratitude pour chaque élément que vous avez identifié. Laissez cette sensation de reconnaissance remplir votre cœur et votre esprit. Savourez cet état d'esprit positif.

En répétant cet exercice régulièrement, vous pouvez entraîner votre esprit à se concentrer sur les aspects positifs de votre vie et à cultiver une attitude de gratitude et d'optimisme. Cela peut vous aider à réduire le stress en vous permettant de mettre en perspective les défis et les difficultés que vous rencontrez, tout en vous aidant à apprécier pleinement les nombreuses bénédictions de votre vie.

Voyons l'exemple de Pierre.

Pierre, âgé de 45 ans, se retrouve en chaise roulante à la suite d'un accident qui lui a enlevé l'usage de ses jambes. Malgré les défis auxquels il est confronté, Pierre a appris à trouver de la gratitude même dans les moments difficiles.

Chaque matin, Pierre prend quelques instants pour pratiquer la gratitude. Assis devant la fenêtre, il contemple le lever du soleil et se rappelle les choses pour lesquelles il est reconnaissant. Il pense à sa famille aimante qui l'entoure de soutien et d'amour inconditionnel. Il se souvient de ses nombreux amis qui lui rendent visite régulièrement et partagent des moments de rire et de joie avec lui.

Mais ce qui rend particulièrement spéciale la pratique de la gratitude de Pierre, c'est son temps passé au bord de l'eau. Grâce à l'aménagement d'une plate-forme spéciale par ses amis, Pierre peut se rendre à son chalet au bord de l'eau et pêcher depuis le quai. Cette activité lui procure un profond bien-être et lui permet de se connecter avec la nature de manière profonde et significative.

En exprimant sa gratitude pour ces aspects positifs de sa vie, Pierre parvient à cultiver une perspective positive malgré les défis qu'il rencontre. Il trouve du réconfort et de la force dans les moments de gratitude, ce qui lui permet de faire face à son handicap avec résilience et optimisme. En pratiquant régulièrement la gratitude, Pierre parvient à trouver du sens et de la satisfaction dans sa vie, même dans les moments les plus difficiles.

EXERCICE: PRATIQUEZ LA GRATITUDE

Choisissez un moment et un endroit calmes pour pensez à toutes les choses que vous appréciez dans votre vie. Écrivez-les.

Fermez les yeux et concentrez-vous sur la sensation de bien-être que procure votre gratitude par rapport à toutes ces belles et bonnes choses.

Comment avez-vous trouvé cette expérience ?

Faites-en une habitude !

Si vous avez aimé cette expérience, vous pourriez en faire une saine habitude de vie. Procurez-vous un journal de gratitude et faites-vous une liste à chaque jour, ou à chaque semaine. Faites-en un rituel à un moment et à un endroit que vous affectionnez particulièrement. C'est une pratique qui se fait aussi en couple, entre amis ou en famille !

LA VISUALISATION POSITIVE

Particulièrement utile pour gérer un stress causé par une peur de ce qui peut se passer dans le futur, cette technique implique de se représenter mentalement des scénarios positifs ou de réussite. En visualisant des résultats positifs et en se concentrant sur les aspects agréables des situations futures, nous pouvons réduire notre anxiété et notre stress en développant une attitude plus confiante et optimiste.

Voyons comment Ludovic pratique la visualisation positive.

Ludovic, un jeune professionnel dans le domaine de la finance, se retrouve souvent aux prises avec des situations stressantes liées à son travail. Récemment, une opportunité professionnelle majeure lui a été proposée : présenter un projet devant un comité exécutif important de l'entreprise.

Sentant monter en lui une anxiété liée à la peur de l'échec et de la critique, Ludovic décide de mettre en pratique la technique de la visualisation positive pour gérer son stress.

Voici comment il procède :

1. Ludovic prend un moment dans la journée où il peut être seul et tranquille, loin des distractions. Il s'assoit confortablement dans son bureau et se détend en respirant profondément pour apaiser son esprit.

2. Il commence par se représenter mentalement la scène de la présentation devant le comité exécutif. Il imagine les membres du comité réagissant positivement à son projet, applaudissant à la fin de sa présentation. Il se voit répondant avec assurance aux questions posées et démontrant une connaissance approfondie du sujet.

3. Ludovic se concentre sur les sentiments de confiance, de compétence et de satisfaction qu'il ressent dans cette visualisation. Il se laisse imprégner de ces émotions positives et les laisse remplir son esprit.

Ludovic pratique cette visualisation positive régulièrement, chaque fois qu'il ressent une montée de stress ou d'anxiété liée à la présentation. Comme il se prépare pour la présentation, les détails de sa présentation alimente sa visualisation. Il se rend compte que plus il visualise le succès, plus il se sent confiant et préparé pour l'événement à venir.

En utilisant la visualisation positive de cette manière, Ludovic parvient à réduire son anxiété et son stress en développant une attitude plus confiante et optimiste face à la présentation à venir. Cette technique lui permet de se préparer mentalement pour l'événement et d'aborder la situation avec calme et assurance, ce qui augmente ses chances de réussite.

Voyons maintenant un exemple illustrant comment Stéphanie pratique la visualisation positive pour surmonter ses inquiétudes concernant sa vie amoureuse.

Stéphanie, une femme célibataire de 48 ans, ressent depuis un certain temps une certaine inquiétude quant à sa capacité de rencontrer une personne avec qui partager sa vie et à construire une relation satisfaisante et gratifiante. Elle décide donc de mettre en pratique la technique de la visualisation positive pour transformer ses pensées et ses émotions.

1. Stéphanie choisit de pratiquer cette technique au moment où elle se couche, le soir. Elle prend quelques respirations profondes pour se relaxer. Une fois détendue, elle se concentre sur sa visualisation.

2. Stéphanie commence à se représenter mentalement la scène de sa future vie de couple.

Elle imagine rencontrer un partenaire compatissant et attentionné, avec qui elle partage des valeurs similaires et une connexion profonde. Elle se voit rire avec son partenaire et imagine comment ils se soutiennent mutuellement dans les moments difficiles, et partagent des moments de complicité et d'amour sincère.

3. Stéphanie se laisse imprégner des émotions positives que lui procure cette visualisation. Elle ressent la chaleur de l'amour, la sécurité de la confiance et la joie de la connexion émotionnelle. Elle se sent comblée et épanouie dans cette relation imaginaire.

Stéphanie pratique cette visualisation positive régulièrement, chaque fois qu'elle ressent des doutes ou des inquiétudes concernant sa vie amoureuse. Elle se rend compte que plus elle visualise cette relation idéale, plus elle se sent confiante et ouverte aux opportunités qui se présentent à elle.

En utilisant la visualisation positive de cette manière, Stéphanie parvient à transformer ses pensées négatives en pensées positives et à cultiver une attitude plus optimiste et confiante concernant sa vie amoureuse. Cette technique lui permet de se préparer mentalement à rencontrer son partenaire idéal et à construire une relation épanouissante et gratifiante à l'avenir.

EXERCICE: PRATIQUEZ LA VISUALISATION POSITIVE

Pensez à un aspect de l'avenir qui vous cause de la peur, de l'inquiétude, du stress ou de l'anxiété. Puis, trouvez un endroit calme, fermez les yeux et imaginez-vous le meilleur scénario possible de cet avenir.

Comment avez-vous trouvé cette expérience ?

_____

_____

_____

_____

_____

_____

_____

_____

_____

_____

_____

_____

_____

LA PRATIQUE DE LA PLEINE CONSCIENCE

La pleine conscience consiste à porter une attention intentionnelle au moment présent, sans jugement. En pratiquant la pleine conscience, nous pouvons observer nos pensées et nos émotions de manière détachée, ce qui peut nous aider à réduire notre réactivité au stress et à adopter une perspective plus équilibrée et calme.

Voici un guide simple pour vous aider à pratiquer la pleine conscience :

1. Choisissez un moment calme : Trouvez un endroit tranquille où vous ne serez pas dérangé. Éliminez les distractions comme les téléphones et les ordinateurs.

2. Adoptez une posture confortable : Asseyez-vous ou allongez-vous dans une position où vous vous sentez à l'aise. Gardez le dos droit mais détendu.

3. Portez votre attention sur votre respiration : Observez le mouvement de votre souffle entrant et sortant de votre corps. Ressentez la sensation de l'air qui entre par vos narines, remplit vos poumons, puis qui ressort par la bouche.

4. Restez présent : Pendant que vous respirez, votre esprit peut commencer à errer, c'est normal. Lorsque vous remarquez que votre esprit s'est éloigné de votre

respiration, ramenez doucement votre attention sur votre souffle, sans vous juger.

5. Soyez attentif à vos sensations : En plus de votre respiration, soyez attentif à toutes les sensations présentes dans votre corps. Ressentez le contact de votre corps avec la chaise ou le sol, les tensions ou les détentes musculaires, la chaleur ou la fraîcheur.

6. Observez vos pensées et émotions : Laissez vos pensées et émotions venir et partir sans vous y accrocher. Observez-les simplement, comme des nuages passant dans le ciel. Ne les jugez pas, ne les analysez pas, laissez-les simplement être.

La pleine conscience est une pratique qui s'améliore avec la répétition. Essayez de consacrer quelques minutes chaque jour à cette pratique. Plus vous pratiquez, plus il sera facile de rester pleinement présent dans votre vie quotidienne.

En pratiquant la pleine conscience de manière régulière, vous pouvez développer une plus grande conscience de vous-même et de votre environnement, ainsi qu'une meilleure capacité à gérer le stress et les émotions.

EXERCICE: PRATIQUEZ LA PLEINE CONSCIENCE

Suivez les 6 étapes proposées pour pratiquer la pleine conscience.

Comment avez-vous trouvé cette expérience ?

En combinant différentes méthodes et techniques, nous pouvons apprendre à changer nos perceptions face au stress et à réduire ainsi notre réactivité émotionnelle. En développant une attitude plus positive, réaliste et équilibrée, nous pouvons mieux faire face aux défis de la vie et cultiver un bien-être mental et ainsi éviter la surcharge émotionnelle.

4. VAINCRE LES MÉCANISMES DE DÉFENSE

Comme nous l'avons vu, lorsque nous refusons d'accepter une émotion, nous nous en défendons, c'est-è-dire que nous adoptons un mécanise de défense.

Dans ce chapitre, nous explorerons les mécanismes de défense, en les définissant, et en décrivant les deux catégories de mécanismes de défense et leurs conséquences.

Nous présenterons ensuite des stratégies de gestion émotionnelle grâce à l'adoption de mécanismes de protection.

Il est important de noter que les concepts abordés sont largement inspirés par les enseignements de Colette Portelance[1].

---

[1] Colette Portelance est psychothérapeute, auteure et conférencière québécoise renommée. En tant que fondatrice du Centre de Relation d'Aide de Montréal (CRAM), elle a été pionnière dans l'approche de la relation d'aide centrée sur la personne (Approche non-directive créatrice). L'auteure de ce livre a eu la chance de l'avoir comme enseignante.

4.1 QUE SONT LES MÉCANISMES DE DÉFENSE ?

Les mécanismes de défense sont des réactions psychologiques automatiques et inconscientes du psyché pour faire face à des émotions qu'il refuse d'accepter. Ces mécanismes agissent comme des barrières psychologiques pour protéger l'individu contre l'anxiété ou le stress résultant de la confrontation avec des émotions menaçantes pour son équilibre émotionnel ou son estime de soi. Ils opèrent souvent de manière involontaire et peuvent prendre diverses formes, telles que le blâme, la rationalisation, le déni ou la justification, pour éviter la douleur émotionnelle.

Les mécanismes de défense servent initialement à protéger l'individu contre des émotions intenses ou des réalités menaçantes pour son bien-être émotionnel. Par exemple, le déni peut être utilisé pour éviter de faire face à des événements traumatisants, tandis que la projection peut être utilisée pour attribuer à autrui des sentiments ou des comportements que l'on refuse de reconnaître en soi-même.

Cependant, lorsque ces mécanismes de défense deviennent des habitudes persistantes, ils peuvent avoir des effets néfastes sur la santé mentale et les relations interpersonnelles. Par exemple, le déni constant peut conduire à une dissociation de la réalité et à un manque de responsabilité personnelle, tandis que la projection peut entraîner des conflits relationnels et une absence de compréhension mutuelle.

L'utilisation répétée de ces mécanismes peut inhiber la croissance personnelle et empêcher l'individu de faire face efficacement à ses émotions et à ses défis, entraînant ainsi des conséquences néfastes sur son bien-être global et ses relations avec les autres.

Les mécanismes de défense entraînent des conséquences nuisibles au bien-être et aux relations parce qu'ils nous empêchent de reconnaître et de satisfaire nos besoins. Comme nos émotions servent à communiquer nos besoins et que nous employons des mécanismes de défense pour se couper de nos émotions, nous ne recevons pas le message. Et si nous ne reconnaissons pas un besoin, il nous est difficile, voie impossible de le satisfaire.

Par exemple, une personne qui refuse d'admettre qu'elle est déprimée peut refouler ses émotions (le refoulement étant le mécanismes de défense), ce qui l'empêche de reconnaître et de satisfaire son besoin d'aide et de soutien émotionnel.

D'ailleurs, les mécanismes de défense répétitifs s'inscrivent bien souvent de manière cyclique dans la vie d'une personne. C'est ce que nous appelons le cycle défensif, qui se déroule comme suit:

1. **Déclencheur** : Le processus commence par un déclencheur, qui peut être un événement externe, comme une critique ou un conflit, ou interne, comme une un souvenir douloureux ou ce qu'on imagine qui peut se produire dans l'avenir.

2. **Émotion** : En réponse au déclencheur, une émotion surgit, telle que la colère, la peur, la tristesse ou l'anxiété. Cette émotion peut être inconfortable ou menaçante pour le psyché.

3. **Mécanisme de défense** : Pour se protéger de cette émotion inconfortable, le psyché emprunte un mécanisme de défense. Par exemple, la personne peut recourir au blâme en attribuant à autrui la responsabilité d'un incident pour éviter de se sentir coupable, ou à la rationalisation en justifiant son comportement de manière logique pour éviter de ressentir une émotion désagréable.

4. **Besoin insatisfait** : En utilisant le mécanisme de défense, la personne évite temporairement de ressentir l'émotion inconfortable. Cependant, cela peut entraîner un état de déni ou de distorsion de la réalité, ce qui rend difficile la reconnaissance et la satisfaction des besoins. Par exemple, en refoulant ses émotions, une personne peut ne pas reconnaître son besoin de soutien émotionnel.

Lorsque les besoins ne sont pas satisfaits, le cercle peut recommencer, car la personne continue à utiliser les mécanismes de défense pour éviter de faire face à ses émotions et à ses besoins réels.

Le cycle défensif

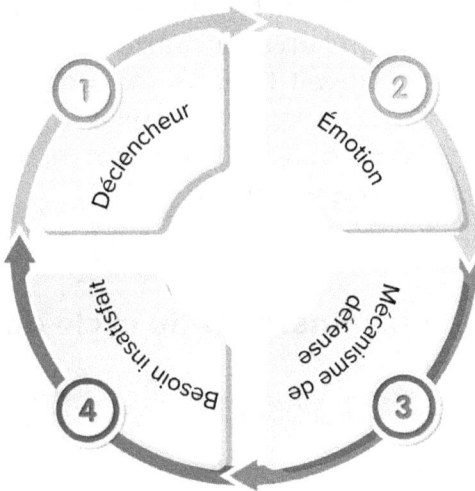

Le cycle défensif peut devenir un schéma répétitif dans la vie d'une personne, l'empêchant de faire face à ses émotions et à ses besoins de manière saine et constructive.

De plus, le cycle peut aussi être déclenché chez une autre personne, si l'on a recours à un mécanisme de défense centré sur l'autre. Par exemple, si Louis blâme Karl pour un incident dans le but d'éviter de se sentir coupable, Karl à son tour risque de devenir défensif, parce qu'il se sent accusé et veut éviter de ressentir cette émotion. Karl pourrait à son tour accuser Louis ou se mettre à se justifier (un autre mécanisme de défense).

Les mécanismes de défense ont souvent cet effet d'entrainement. Ils peuvent conséquemment endommager les relations interpersonnelles et créer un environnement de vie ou de travail toxique, que ce soit dans un couple, une famille, une équipe, un groupe ou même toute une organisation.

L'effet d'entraînement du cycle défensif

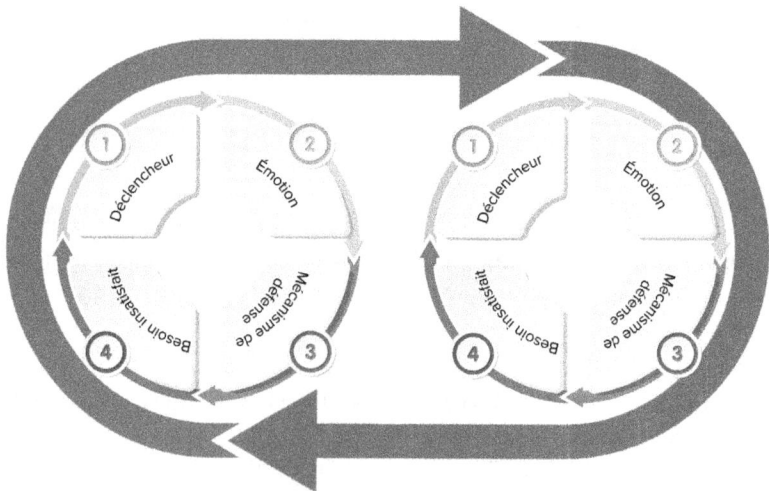

4.2 À QUOI RESSEMBLENT LES DIFFÉRENTS MÉCANISMES DE DÉFENSE ET COMMENT LES RECONNAIT-ON ?

Il existe deux types de mécanismes de défense : ceux qui sont centrés sur l'autre et ceux qui sont centrés sur soi.

LES MÉCANISMES DE DÉFENSE CENTRÉS SUR L'AUTRE

Les mécanismes de défense centrés sur l'autre se manifestent généralement pendant une interaction qui nous déclenche et affecte ainsi notre communication et notre relation directement. Souvent, les mécanismes de défense centrés sur l'autre consistent à projeter la responsabilité de nos émotions sur une tierce personne, un groupe ou un objet externe à nous-mêmes.

Les mécanismes de défense centrés sur l'autre incluent :

La justification

Lorsqu'une personne se sent menacée ou critiquée, elle peut recourir à la justification pour tenter de se disculper ou de faire valoir son point de vue. Cette réaction peut se manifester de différentes manières.

L'individu peut chercher à rejeter les accusations ou les critiques qui lui sont adressées en fournissant des explications ou des excuses pour ses actions. Par exemple, si quelqu'un est accusé d'avoir commis une erreur au travail, il pourrait justifier son comportement en mettant en avant des circonstances atténuantes ou en blâmant des facteurs externes.

La personne pourrait justifier ses actions ou ses croyances en affirmant qu'elles sont légitimes, raisonnables ou moralement acceptables. Par exemple, si quelqu'un est critiqué pour avoir pris une décision impopulaire, il pourrait justifier son choix en soulignant les raisons qui l'ont motivé et en insistant sur le bien-fondé de sa décision.

Pour se justifier, l'individu pourrait aussi minimiser les conséquences négatives de ses actions en les relativisant ou en les atténuant. Par exemple, si quelqu'un est critiqué pour avoir manqué une échéance importante, il pourrait justifier son retard en soulignant que l'échéance était flexible ou que le projet n'était pas aussi crucial qu'on le prétend.

Souvent , la personne justifie ses propres erreurs ou échecs en projetant la responsabilité sur d'autres personnes ou des circonstances externes, pour éviter de se sentir coupable ou incompétent. Par exemple, elle pourrait attribuer ses échecs à la malchance, à des collègues incompétents ou à des conditions de travail difficiles.

La personne qui se justifie ne le fait pas de la même manière que la personne qui offre des explications parce qu'elle souhaite satisfaire son besoin d'être comprise. La justification est une réponse automatique, immédiate. La personne qui y a recours aura tendance à élever le volume et la tonalité de la voix, ainsi qu'à en accroître le débit. Elle parle donc plus fort et plus vite, en utilisant une voie plus aigüe qu'à l'ordinaire.

Une personne qui offre des explications pour répondre à son besoin d'être comprise le fera de manière plus calme et sereine. Elle le fera après avoir identifié son besoin et avoir choisi sa réponse de manière réfléchie et sage.

Imaginons par exemple que Dominique ait passé un commentaire sur l'efficacité d'un processus, que Solange l'ait interprété comme une dévalorisation de sa propre efficacité et qu'elle se soit sentie accusée. Face à cette accusation, elle peut réagir de manière défensive, en se justifiant.

Ou bien, elle peut prendre connaissance de son émotion et reconnaître son besoin de valorisation et d'écoute.

Comparons les deux façons de répondre à Dominique, pour en saisir les différences.

Justification	Explications
(Ton, débit et volume de voix élevés) "T'as pas idée des obstacles auxquels on a dû faire face dans ce cas-ci ! Aucun de nos fournisseurs n'avaient les pièces dont on avait besion. On a dû rebâtir l'équipement pour accomoder un modèle différent, et puis on a quand même réussi à avoir seulement une semaine de retard, après avoir ni plus ni moins "réinventé la roue", comme on dit!"	(Voix calme et posée) "Dominque, je ne sais pas si tu le sais, mais cette situation a présenté des défis majeurs. Nous avons rencontré des difficultés avec nos fournisseurs et avons dû adapter notre équipement pour répondre à nos besoins. Malgré ces obstacles, nous avons réussi à limiter le retard à une semaine, ce qui a nécessité des efforts considérables. Cela a été une expérience d'apprentissage importante pour nous."

L'accusation, le blâme, la critique, l'attaque et le rejet

Ces réponses défensives sont souvent utilisées lorsqu'on se défend de ces mêmes émotions, c'est-à-dire lorsqu'on se sent accusé, blâmé, critiqué, attaqué ou rejeté. Elles peuvent entraîner un effet de "se renvoyer la balle", où le déclenchement successif de mécanismes de défense ressemble à un match de tennis.

Si l'on reprend l'exemple de Solange, qui se sent accusée par le commentaire de Dominique, voici à quoi pourrait ressembler ce genre de mécanismes de défense, concrètement:

Solange: *Eh bien, si tu étais plus impliqué dans le processus, peut-être que nous n'aurions pas rencontré autant de difficultés ! Tu devrais vérifier tes propres responsabilités avant de critiquer mon travail.*

Dominique: *Mais je suis impliqué ! Je fais de mon mieux pour aider, mais je ne peux pas tout faire moi-même. Et puis, ton attitude défensive ne fait qu'empirer les choses.*

Solange: *Peut-être que si tu étais plus compétent dans ton rôle, nous n'en serions pas là ! Tu ne comprends même pas les défis auxquels nous sommes confrontés.*

Dominique: *C'est facile de rejeter la faute sur les autres, n'est-ce pas ? Peut-être que si tu étais moins sensible, nous pourrions avoir une conversation constructive sur ce sujet.*

Solange: *Trop sensible ? Que c'est sexiste de me dire une chose pareille! Tu n'as aucune idée de ce que je fais pour maintenir ce projet à flot ! Tu n'as pas le droit de me juger de cette façon.*

Dominique: *Et toi, tu n'as pas le droit de me reprocher des choses auxquelles je n'ai pas contribué.*

Solange: *Tiens, tu viens toi-même d'avouer ne pas t'être impliqué!*

Dans cet échange, Solange et Dominique sont tous deux défensifs et se déclenchent l'un l'autre. Ils se critiquent et se blâment mutuellement, créant ainsi un climat de tension et de confrontation.

Le personnage ou "jouer un rôle"

Quand une personne a recours à ce mécanisme de défense, elle se dissocie de ses émotions et choisit d'adopter des comportements et de dire des paroles qu'elle considère être appropriés ou corrects selon la situation, mais qui ne sont pas sincères puisque non ressentis. Cela a tendance à se produire quand on a des croyances ou des émotions qu'on juge nous-même non acceptables dans la situation.

Par exemple, lorsqu'une personne se trouve dans une situation relationnelle ou sociale où elle ne se sent pas à l'aise (souvent lié à une peur du jugement ou du rejet), elle peut jouer un rôle pour éviter son malaise, mieux s'intégrer et éviter le jugement ou le rejet. Ce rôle pourrait être celui de "la personne gentille

et sociable" ou encore "la professionnelle qui a de la classe".

Dans un contexte de travail, un gestionnaire peut jouer un rôle lorsqu'il doit communiquer des décisions ou des informations qu'il n'approuve pas personnellement, mais qui sont nécessaires pour le fonctionnement de l'organisation, comme des mises à pieds ou des changements organisationnels. Alors qu'il peut lui-même ressentir de la résistance ou de la peur, il choisit d'annoncer les changements à son équipe de manière distante et machinale, en essayant de masquer ses émotions, par souci de loyauté envers l'organisation - une obligation liée à son rôle de gestionnaire.

Le problème avec ce mécanisme de défense est que notre langage non-verbal trahit souvent à notre insu nos réels sentiments, de sorte que nous envoyons un message contradictoire, ce qui créée chez notre auditoire de la dissonance cognitive, de la confusion et même un manque de confiance.

Il est possible que vous ayez déjà eu une forte impression qu'une personne était "fausse" sans savoir exactement pourquoi. Si plusieurs personnes ont eu cette même impression de la personne, il est possible que ce soit parce qu'elle joue un rôle ou un " personnage".

Jouer un rôle ou un personnage est l'opposé de l'authenticité. En plus de susciter la méfiance, ce mécanisme tend à rendre la personne moins sympathique ou attachante. C'est pourquoi, paradoxalement, la personne qui adopte ce mécanismes de défense parce qu'elle a peur d'être jugée ou rejetée risque en fait d'accroître ses chances d'être jugée et rejetée.

La supériorité, l'arrogance

Le mécanisme de défense de la supériorité ou de l'arrogance a lieu quand une personne adopte une attitude de domination, de condescendance ou de mépris envers autrui afin de dissimuler ses propres insécurités ou faiblesses.

La personne utilisant ce mécanisme de défense cherche à se sentir supérieure en rabaissant les autres. Cela peut se faire par des critiques constantes, des remarques dévalorisantes ou des attitudes méprisantes envers les compétences, les opinions ou les accomplissements des autres.

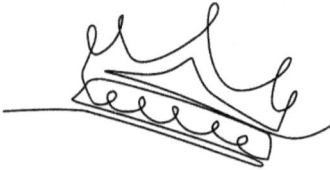

Pour masquer ses propres doutes ou incertitudes, la personne peut adopter une attitude arrogante et présomptueuse, affirmant sa supériorité sans tenir compte des opinions ou des contributions des autres.

L'individu utilisant ce mécanisme peut chercher à prendre le contrôle des situations et des interactions en imposant ses propres idées, décisions ou directives, sans considération pour les besoins ou les désirs des autres.

Plutôt que d'accepter les critiques constructives ou les avis divergents, la personne arrogante les rejette avec mépris, refusant d'admettre ses propres erreurs ou faiblesses.

Pour renforcer son sentiment de supériorité, l'individu arrogant se compare fréquemment aux autres de manière avantageuse, ventant ses propres réussites ou attributs pour se positionner au-dessus des autres.

Les personnes qui ont recours à ce mécanisme de défense de manière caractérielle, c'est-à-dire qu'elles se comportent pratiquement toujours de manière arrogante, le font pour maintenir une image de soi valorisante et compenser pour leur sentiment d'infériorité profond. Un complexe de supériorité est en fait issu d'un complexe d'infériorité[2].

Toutefois, lorsque ce mécanisme est adopté à l'occasion, c'est souvent en réponse à ce que nous percevons comme un geste, une parole ou un comportement arrogant, condescendant ou dominateur qui éveille en nous des émotions comme le dénigrement ou l'abaissement, que nous refusons de vivre.

---

[2] Ceci ne signifie pas que toutes les personnes souffrant d'un complexe d'infériorité auront recours à l'arrogance, ni que toute personne faisant preuve d'arrogance souffre d'un complexe de supériorité.

La confluence

La confluence est un mécanisme de défense qui se manifeste lorsque quelqu'un adopte les émotions ou les opinions d'une autre personne comme si elles étaient les siennes propres. Cette réaction survient généralement par crainte de déplaire à la personne dont les émotions sont adoptées, ou par peur de paraître déloyal en maintenant une relation avec une autre personne en conflit avec la première.

Imaginez la situation suivante : vous avez deux amis proches, Pierre et Sophie, qui sont en conflit. Pierre vient vous parler de ses sentiments négatifs envers Sophie et vous expose son point de vue sur la situation. Étant proche de Pierre, vous ressentez le besoin de soutenir et de réconforter votre ami. Vous commencez alors à partager ses émotions de colère ou de frustration envers Sophie, adoptant ainsi la même perspective que Pierre.

Ce comportement de confluence peut être motivé par le désir de maintenir l'harmonie dans la relation avec Pierre en évitant tout désaccord ou confrontation. En adoptant ses émotions, vous évitez de lui déplaire ou de sembler déloyal envers lui. Conséquemment, vous vous comporteriez envers Sophie comme si c'est vous qui aviez un conflit avec elle, sans chercher à comprendre sa version des faits, sa perspective ou son vécu.

En adoptant les émotions d'une autre personne sans discernement, vous risquez de perdre votre propre identité et de vous éloigner de vos propres sentiments et opinions. De plus, cela peut entraîner des difficultés dans les relations interpersonnelles, car cela peut conduire à une perte de confiance et de respect mutuel si vos amis ou collègues découvrent que vous adoptez des émotions de manière inauthentique.

Lorsque la confluence est utilisée par plusieurs personnes qui se rallient au vécu d'une personne contre une autre, la confluence peut mener au *mobbing*, qui est une forme de harcèlement psychologique. Ce phénomène peut prendre diverses formes, telles que des insultes, des critiques constantes, des moqueries, de l'exclusion, des menaces, des intimidations, ou des rumeurs malveillantes. Le mobbing diffère du conflit interpersonnel ordinaire en ce sens qu'il est caractérisé par un déséquilibre de pouvoir entre les agresseurs et la victime, et qu'il est souvent systématique et prolongé dans le temps.

En fin de compte, la confluence peut être une stratégie temporaire pour gérer les tensions sociales, mais il est important de reconnaître et d'exprimer ses propres émotions de manière authentique pour maintenir des relations saines et équilibrées.

Imaginez par exemple que vous ne soyez pas entrée en confluence avec Pierre et que, conséquemment, vous continuez de parler à Sophie. Il se peut que Pierre soit contrarié ou même qu'il se sente trahi. Vous pourriez alors lui dire, de façon calme et posée: "Je sais que tu as vécu quelque chose avec Sophie qui t'a blessé et je veux bien t'entendre et te soutenir dans ce que tu vie, parce que tu es mon ami. Ceci dit, je ne suis pas moi-même en conflit avec Sophie et je n'ai pas de raison de l'éviter ou de la rejeter. Si jamais elle voulait me parler de comment elle voit les choses par rapport à votre conflit, je serais prête à l'écouter elle aussi, car elle est aussi mon amie. Je n'ai pas à vous juger ou à prendre partie dans votre conflit, parce qu'il ne m'appartient pas. J'espère que tu peux comprendre ma perspective."

Le sarcasme

Le sarcasme agit souvent comme un mécanisme de défense lorsqu'une personne utilise l'ironie ou le ton moqueur pour faire face à des émotions désagréables.

Le sarcasme peut servir de bouclier émotionnel en dissimulant les vrais sentiments de la personne. Plutôt que d'exprimer ouvertement ses émotions, elle utilise l'humour cynique pour masquer sa vulnérabilité ou son malaise.

Lorsqu'une personne se sent attaquée ou critiquée, elle peut riposter avec sarcasme pour se protéger. En utilisant l'ironie ou des remarques moqueuses, elle se défend contre les commentaires négatifs ou les jugements des autres.

Le sarcasme peut également servir à alléger l'atmosphère lors de situations tendues ou inconfortables. En faisant une remarque sarcastique, la personne cherche à détourner l'attention des problèmes ou à détendre l'ambiance.

Parfois, le sarcasme est utilisé pour affirmer son pouvoir ou son intelligence. En faisant des remarques sarcastiques, la personne peut se sentir supérieure ou dominante, renforçant ainsi son estime de soi.

Cependant, il est important de noter que le sarcasme peut avoir des effets négatifs. Il peut blesser les autres, créer des tensions relationnelles et même aggraver les conflits. Utilisé contre les autres, le sarcasme peut nuire aux relations interpersonnelles et à la communication.

Par exemple, lors d'une réunion d'équipe stressante, Laura sentit la tension monter alors que les opinions divergeaient sur la meilleure approche à adopter pour résoudre un problème urgent. Alors que la discussion devenait de plus en plus animée, elle commença à se sentir dépassée par les émotions qui la submergeaient. La pression montait et elle commençait à se sentir vulnérable.

Soudain, John, un collègue, fit une remarque acerbe sur une idée qu'elle avait proposée. Au lieu de répondre directement à ses critiques ou d'exprimer ses véritables sentiments de frustration et de doute, Laura répliqua avec un sarcasme cinglant. "Oh bien sûr, parce que ton plan est si brillant qu'on devrait tous s'incliner devant toi !" lança-t-elle avec un sourire ironique.

Cette remarque sarcastique dissimulait en réalité ses sentiments de vulnérabilité et d'insécurité face à la critique de John. Plutôt que de reconnaître ouvertement ses émotions, Laura avait choisi d'utiliser l'humour cynique comme un bouclier émotionnel pour se protéger. En se moquant de la proposition de John, elle espérait se sentir moins exposée et plus en contrôle de la situation.

Bien que son sarcasme ait réussi à détourner l'attention de la tension initiale, il a également créé une distance entre elle et ses collègues. Au lieu de favoriser une communication ouverte et une résolution constructive du conflit, le sarcasme de Laura a contribué à alimenter les tensions et à compliquer davantage la situation.

En utilisant le sarcasme comme mécanisme de défense, Laura a réussi à dissimuler ses émotions, mais elle a également compromis la qualité de ses relations interpersonnelles et la dynamique de l'équipe.

La déflexion

La déflexion est un mécanisme de défense où une personne dévie l'attention d'un sujet ou d'une émotion stressante en détournant l'attention vers un sujet plus neutre ou moins menaçant. Ce mécanisme de défense est souvent utilisé pour éviter de faire face à des sentiments inconfortables ou des réalités difficiles.

Par exemple, plutôt que d'affronter des émotions telles que la peur, la colère ou la tristesse, une personne peut utiliser la déflexion pour détourner l'attention vers des sujets plus superficiels ou moins émotionnels. Cela lui permet de temporiser ou de minimiser la gravité de la situation.

En détournant la conversation vers des sujets moins conflictuels ou moins chargés émotionnellement, la personne peut aussi chercher à préserver l'harmonie sociale et à éviter les conflits.

La déflexion peut également être utilisée pour protéger l'estime de soi en évitant de se confronter à des critiques ou à des jugements négatifs. Plutôt que d'accepter la responsabilité de ses actions ou de ses émotions, une personne peut détourner la conversation vers d'autres sujets pour éviter de se sentir blâmée ou attaquée.

L'humour est souvent utilisé comme une forme de déflexion pour détourner l'attention des sujets délicats ou des émotions inconfortables. En introduisant des remarques drôles ou des blagues dans une conversation tendue, une personne cherche à alléger la tension émotionnelle et à changer le cours de la discussion vers des sujets plus légers. Cette tactique peut servir de bouclier émotionnel en permettant à chacun de se sentir plus à l'aise et moins menacé, mais elle peut également compromettre la résolution des problèmes en évitant les questions difficiles.

Bien que la déflexion puisse être efficace pour atténuer temporairement l'anxiété ou la tension sociale, elle peut également entraîner des problèmes de communication et d'authenticité. En évitant systématiquement les sujets difficiles, une personne peut compromettre la résolution des problèmes et la construction de relations authentiques. Il est donc important de reconnaître quand la déflexion est utilisée comme mécanisme de défense et d'être prêt à aborder les problèmes sous-jacents de manière constructive.

Reconnaître ses propres mécanismes de défense centrés sur l'autre

En pratiquant la pleine conscience, on peut reconnaître qu'on a adopté un comportement défensif au moment-même où on agit de façon défensive ou après avoir réagi.

Avec la pratique et une meilleure conscience de soi, on peut même prendre conscience qu'on est sur le point d'agir de manière défensive - et ainsi, interrompre le cycle défensif.

Dans le contexte des mécanismes de défense centrés sur les autres, il y a généralement entre une fraction de seconde et quelques secondes entre le "sentiment" et "l'action défensive".

Se sentir défensif se produit dans le corps, c'est une réaction physiologique à notre défense. Lorsque nous sommes conscients de cette réaction physiologique, nous pouvons l'utiliser comme un système d'alarme personnel.

Cela nous donne une fraction de seconde à quelques secondes pour interrompre le cycle défensif et éviter d'adopter un comportement défensif.

Le cycle défensif:
Les mécanismes de défense centrés sur les autres

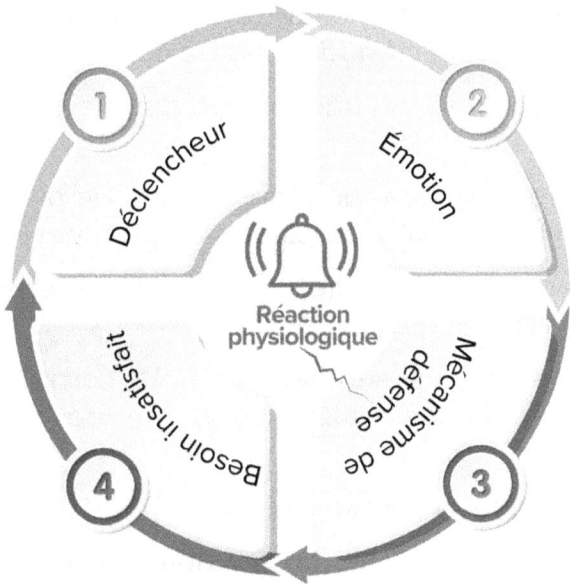

Pour identifier votre système d'alarme, c'est-à-dire les sensations dans votre corps qui vous indique que vous vous sentez défensif et que vous êtes sur le point d'agir de manière défensive, pensez à différents moments où vous vous êtes senti devenir défensif et posez-vous les questions suivantes:

- Vous êtes-vous senti(e) "bouillir", comme si vous aviez subi une augmentation soudaine de la pression sanguine ?
- Avez-vous ressenti une tension ou une douleur dans la gorge ?
- Vos mains sont-elles devenues moites ?
- Avez-vous commencé à transpirer (partout ou dans des parties spécifiques de votre corps) ?
- Avez-vous ressenti une tension dans le ventre ou des crampes ?
- Avez-vous ressenti une tension dans le plexus solaire (au milieu de votre corps, sous la poitrine) ?
- Vous êtes-vous senti(e) trembler (à l'intérieur ou au niveau des mains ou des jambes) ?
- Vous êtes-vous senti(e) "vidé(e)", comme si vous aviez subi une baisse soudaine de la pression sanguine ?
- Avez-vous eu la bouche sèche ?
- Avez-vous "vu rouge" ou "vu noir" ; votre esprit est-il devenu vide ?
- Avez-vous eu des palpitations cardiaques ou ressenti une augmentation soudaine du rythme cardiaque ?
- Avez-vous ressenti une tension dans la poitrine, comme si votre cœur se resserrait ?

Un moyen de reconnaître les mécanismes de défense centrés sur l'autre *chez les autres* est d'observer les réactions et les comportements des personnes impliquées dans une interaction. Par exemple, si quelqu'un réagit de manière excessive ou hostile à une remarque apparemment mineure ou neutre, cela peut indiquer qu'il utilise un mécanisme de défense centré sur l'autre, comme la projection ou la justification, pour éviter de faire face à ses propres émotions ou désirs inconscients.

De plus, les mécanismes de défense centrés sur l'autre peuvent être identifiables par le biais de schémas récurrents dans les relations interpersonnelles. Par exemple, si une personne semble constamment blâmer les autres pour ses propres échecs ou erreurs, cela peut indiquer qu'elle utilise ce mécanisme de défense pour éviter de reconnaître sa propre responsabilité.

Donc, reconnaître les mécanismes de défense centrés sur l'autre implique de prêter attention aux comportements et aux interactions interpersonnelles, en étant conscient des schémas récurrents et des réactions exagérées qui peuvent indiquer l'utilisation de ces mécanismes.

La reconnaissance de ces mécanismes chez les autres nécessite une certaine sensibilité et une observation attentive des dynamiques relationnelles[3].

---

[3] Nous nous pencherons sur la reconnaissance des attitudes défensives chez les autres dans le Tome 3 de cette série

EXERCICE: RÉFLEXION

Prenez le temps de vous remémorer des situations où vous avez eu recours à un mécanisme de défense centré sur l'autre. Pour chaque mécanisme de défense dont vous vous souvenez, réfléchissez pour identifier le déclencheur et l'émotion déclenchée.

Vous pouvez recréer le tableau suivant pour noter vos réflexions dans votre cahier de notes ou les noter ici :

Mécanisme de défense centré sur l'autre	Déclencheur	Émotion(s)
Justification		
Accusation, blâme, critique, attaque, rejet (encerclez votre choix)		
Personnage (jouer un rôle)		
Supériorité, arrogance		

Confluence		
Sarcasme		
Déflexion		

Quelles ont été les conséquences de ces mécanismes de défense ? Cochez tout ce qui s'applique :

O Relations interpersonnelles insatisfaisantes

O Besoins personnels non satisfaits

O Conflits à l'intérieur de soi

O Conflits avec les autres

O Difficultés de communication

O Difficultés à atteindre les objectifs

O Perte d'énergie

O Stress

O Comportements défensifs chez les autres

O Problèmes émotionnels (dépression, anxiété, etc)

○ Problèmes de santé physique

○ Autre(s): :

_____

_____

LES MÉCANISMES DE DÉFENSE CENTRÉS SUR SOI

Les mécanismes de défense centrés soi se manifestent généralement *après* une interaction ou une situation qui nous déclenche. Ils affectent notre bien-être directement et nos relations, de manière indirecte.

Les mécanismes de défense centrés sur soi consistent à nier ou à fuir les émotions que nous refusons d'accepter. Ils incluent:

L'évitement

Par évitement, on fait ici référence à l'évitement du déclencheur, qu'il soit interne ou externe.

Par exemple, une personne évite de penser à un traumatisme passé pour éviter la douleur émotionnelle qui y est associée. L'élément déclencheur évité est le souvenir. Il s'agit d'un déclencheur interne.

Une personne peut aussi éviter un déclencheur externe, comme un collègue ou un membre de sa famille, par exemple, parce qu'elle a vécu une situation désagréable avec cette personne et qu'elle cherche à éviter de ressentir les émotions liées à la situation passée et celles qui risquent d'être déclenchées à nouveau.

L'évitement peut être considéré comme sain lorsqu'il est utilisé de manière temporaire pour prendre du recul et porter attention à ses émotions dans des situations particulièrement stressantes. Par exemple, prendre une pause après avoir reçu une mauvaise nouvelle peut permettre à une personne de se calmer avant de décider comment réagir de manière constructive. De même, éviter temporairement des situations qui déclenchent une anxiété intense peut aider une personne à se sentir plus en contrôle de ses émotions et à éviter une réaction excessive. Dans ce contexte, l'évitement est sain si la pause qu'on se donne sert à mieux se préparer à faire face à la situation et non pour la mettre de côté et essayer de l'oublier.

L'évitement peut aussi n'avoir aucune ou peu de conséquences si le déclencheur évité ne revêt aucune importance dans notre vie. Éviter un des caissiers au marché parce qu'on n'apprécie pas ses remarques qu'on trouve déplacées n'a pas le même impact dans notre vie qu'éviter un parent ou un patron, par exemple.

L'évitement peut devenir particulièrement problématique lorsqu'il est utilisé de manière chronique ou excessive pour éviter systématiquement des situations qui sont importantes ou nécessaires à la croissance personnelle. Par exemple, éviter les confrontations difficiles au travail peut entraîner des problèmes de communication et des conflits non résolus. De même, éviter les sentiments douloureux peut empêcher une personne de faire face à ses problèmes sous-jacents et de les résoudre de manière appropriée, ce qui peut entraîner une détresse émotionnelle prolongée.

La fuite

Comme mécanisme de défense, la fuite peut se manifester de différentes manières, notamment par l'évitement physique, en quittant la situation stressante, ou en se retirant mentalement et en se désengageant émotionnellement.

Par exemple, une personne peut fuir une conversation difficile en quittant la pièce ou en évitant tout contact avec la personne avec laquelle elle est en conflit. Pendant une rencontre d'équipe, un membre de l'équipe peut s'absenter mentalement pour ne pas avoir à faire face aux émotions désagréables que déclenchent les paroles d'un collègue.

Bien que la fuite puisse temporairement soulager le stress ou l'anxiété, elle peut également entraîner des conséquences négatives à long terme, telles que des problèmes de communication, des conflits non résolus et un évitement persistant des problèmes sous-jacents. La fuite peut empêcher une personne de faire face à ses peurs et à ses défis, ce qui peut compromettre la croissance personnelle et le développement émotionnel.

Le refoulement ou la répression

Le refoulement (ou répression) est un mécanisme de défense psychologique par lequel des pensées, des émotions ou des souvenirs jugés inacceptables ou menaçants sont repoussés ou maintenus à distance de la conscience. Plutôt que de faire face directement à ces contenus psychiques, la personne les refoule dans l'inconscient, où ils continuent à influencer le comportement et les émotions de manière subtile et à l'insu de la personne.

Ce processus se produit souvent de manière automatique et involontaire, en réponse à des expériences traumatisantes, des conflits internes ou des désirs inacceptables. Par exemple, un enfant victime d'abus sexuel peut refouler les souvenirs de l'incident pour se protéger de la douleur émotionnelle et de la détresse qui y sont associées. De même, un adulte peut refouler des sentiments d'hostilité envers un être cher pour maintenir une relation harmonieuse.

Le refoulement permet à la personne de minimiser l'anxiété ou la détresse associée à ces contenus psychiques inacceptables, mais il peut également avoir des conséquences néfastes à long terme. Les contenus refoulés peuvent exercer une pression accrue sur l'inconscient, se manifestant par des symptômes psychologiques tels que des rêves perturbateurs, des troubles anxieux ou des actes manqués (oublis, erreurs de jugement ou actions impulsives qui ne correspondent pas aux intentions conscientes de la personne). De plus, le refoulement peut compliquer le processus de traitement et de résolution des problèmes sous-jacents, car les contenus refoulés restent hors de la conscience et ne peuvent pas être confrontés directement.

Dans le cas de traumatismes, le refoulement peut nécessiter une exploration et une résolution ultérieures dans le cadre d'une thérapie ou d'un travail personnel pour favoriser une santé mentale optimale et un bien-être émotionnel.

Le déni, la négation

Le déni et la négation sont deux concepts étroitement liés qui impliquent le refus ou le rejet de reconnaître ou d'accepter la réalité d'une situation, d'un problème ou d'une émotion.

Le déni est un mécanisme de défense où une personne refuse consciemment ou inconsciemment[4] de reconnaître une vérité ou une réalité qui lui est inconfortable ou menaçante. Cela peut se manifester par un refus d'admettre l'existence d'un problème, de minimiser son importance ou de l'ignorer délibérément.

---

[4] Le déni s'apparente au refoulement lorsque le refus de reconnaître la réalité est complet et inconscient.

Par exemple, une personne confrontée à un diagnostic médical grave peut refuser d'accepter la gravité de sa maladie, même si les preuves médicales sont évidentes.

La négation, quant à elle, est un processus similaire de refus ou de rejet de la réalité, mais peut parfois impliquer un acte plus actif de refus. La négation peut être utilisée pour rejeter ou contester une affirmation ou une vérité, souvent de manière catégorique ou définitive.

Par exemple, une personne peut nier avoir un problème avec son conjoint, même si la réalité est clairement établie par des faits observables.

Dans les deux cas, le déni et la négation peuvent être des mécanismes de défense utilisés pour protéger l'estime de soi, maintenir un sentiment de contrôle ou éviter de faire face à des émotions ou des réalités inconfortables.

Bien qu'ils puissent fournir un soulagement temporaire du stress ou de l'anxiété, ils peuvent également entraver la résolution des problèmes et empêcher une personne de faire face à des défis importants dans sa vie.

Il est important de garder à l'esprit que le déni et la négation sont des réactions psychologiques normales lorsqu'une personne fait face à un changement ou à un deuil. Lorsqu'une personne est confrontée à une situation stressante, traumatisante ou bouleversante, il est naturel de vouloir éviter de faire face à la réalité de la situation. Le déni et la négation peuvent agir comme des mécanismes de défense pour protéger la personne d'une douleur émotionnelle intense ou d'une anxiété accablante.

Par exemple, lorsqu'une personne perd un être cher, elle peut initialement refuser de croire que la personne est réellement partie, ou peut nier la gravité de la perte pour atténuer la douleur émotionnelle. De même, lorsqu'une personne est confrontée à un changement majeur dans sa vie, comme la perte d'un emploi ou un déménagement, elle peut nier la réalité ou l'impact de la situation pour éviter de ressentir la peur, l'incertitude ou le chagrin.

Ces réactions initiales de déni et de négation peuvent fournir un répit émotionnel temporaire et permettre à la personne de s'adapter progressivement à la nouvelle réalité. Cependant, il est important de reconnaître que le déni et la négation ne sont souvent que des étapes initiales du processus de deuil ou d'adaptation au changement. Avec le temps et le soutien approprié, la personne peut progressivement accepter la réalité de la situation et trouver des moyens de faire face de manière plus constructive.

Rester dans le déni trop longtemps comporte plusieurs risques significatifs. Tout d'abord, cela peut entraîner une aggravation des problèmes initiaux, les rendant plus complexes et difficiles à résoudre. De plus, le déni prolongé peut avoir un impact néfaste sur la santé mentale, alimentant le stress, l'anxiété et la dépression, et affecter les relations interpersonnelles en créant de la méfiance et de la distance. En refusant de faire face à la réalité, une personne risque de manquer des opportunités de croissance personnelle et professionnelle, tout en s'exposant à des conséquences sociales et professionnelles graves. En outre, le déni prolongé peut également avoir des répercussions sur la santé physique, telles que des troubles du sommeil, des maux de tête ou des problèmes gastro-intestinaux. En fin de compte, reconnaître la réalité et faire face aux défis de manière proactive est essentiel pour résoudre les problèmes et améliorer le bien-être global.

Les excès d'activités ou de consommation

Les activités et la consommation peuvent agir comme des mécanismes de défense néfastes lorsqu'elles sont utilisées de manière compulsive ou excessive pour éviter de faire face à des émotions difficiles ou à des réalités stressantes.

Plutôt que de faire face aux problèmes sous-jacents, une personne peut chercher à étouffer ses émotions en s'impliquant dans des activités ou en consommant des substances de manière excessive.

Par exemple, une personne peut développer une dépendance au travail, en passant de longues heures au bureau pour éviter de faire face à des problèmes relationnels ou à des conflits personnels. De même, une personne peut recourir à la consommation excessive d'alcool, de drogues ou de nourriture pour étouffer ses émotions et échapper temporairement à la douleur émotionnelle.

Voici une liste d'exemples d'activités qui peuvent constituer des mécanismes de défense:

- Surinvestissement dans le travail ou l'école

- Regarder excessivement la télévision ou des films

- Jouer à des jeux vidéo ou des jeux en ligne pendant de longues périodes

- Consommer de l'alcool ou d'autres substances de manière excessive

- Manger compulsivement ou se livrer à des comportements alimentaires désordonnés

- Faire du shopping de manière compulsive

- Passer de longues heures sur les réseaux sociaux ou sur Internet

- Se plonger dans des activités sportives de manière excessive

- Se perdre dans des loisirs de manière excessive

- Se perdre dans les activités religieuses de manière excessive

- Se perdre dans la lecture de livres ou de magazines

- Se perdre dans le bruit (télévision, musique) pour ne pas s'entendre penser

- Passer beaucoup de temps à dormir ou à se reposer

- S'impliquer dans des relations amoureuses ou des aventures sans engagement sérieux

- Se lancer impulsivement dans des projets à grande échelle sans réflexion préalable

- Se concentrer excessivement sur le nettoyage ou l'organisation de son environnement

- S'engager dans des comportements à risque, tels que la conduite dangereuse ou la participation à des activités illégales.

Ces comportements peuvent offrir un soulagement temporaire du stress ou de l'anxiété, mais à long terme, ils peuvent aggraver les problèmes sous-jacents et entraîner des conséquences néfastes sur la santé mentale, physique et sociale. Les excès d'activités ou de consommation peuvent également créer des schémas de dépendance qui peuvent être difficiles à surmonter et, par conséquent, nécessiter l'intervention professionnelle.

Les mécanismes de défense centrés sur soi peuvent être décelés par plusieurs indices, notamment en observant les conséquences négatives qu'ils entraînent sur notre bien-être général.

Par exemple, si l'on constate que nos dépenses compulsives conduisent à des dettes financières importantes ou à des conflits relationnels en raison d'un manque de contrôle sur les dépenses, cela peut indiquer qu'on a recours au magasinage pour éviter de faire face à des émotions difficiles.

De même, en ce qui concerne la nourriture, si l'on remarque que nos comportements alimentaires excessifs entraînent un gain de poids non désiré ou des sentiments de honte ou de culpabilité, cela peut signaler un mécanisme de défense.

Dans le cas de la consommation d'alcool, si l'on constate que notre dépendance à l'alcool entraîne des problèmes de santé, des perturbations dans nos relations ou au travail, ou des accidents sous l'influence, cela peut être un signe que l'alcool est utilisé comme un moyen de faire face à des difficultés émotionnelles.

Enfin, en ce qui concerne les jeux vidéo, si l'on remarque que notre immersion excessive dans les jeux entraîne une détérioration de nos relations interpersonnelles, une diminution de nos performances académiques ou professionnelles, ou des problèmes de sommeil, cela peut indiquer un recours à cette activité comme échappatoire face aux défis de la vie quotidienne.

Dans l'ensemble, lorsque ces activités deviennent des moyens de fuir ou de masquer des émotions ou des situations inconfortables, il est important d'être conscient des conséquences négatives qu'elles entraînent et d'explorer des moyens plus sains de faire face aux défis de la vie.

La comparaison

Comme mécanisme de défense, la comparaison est utilisée pour minimiser ou nier nos propres émotions, en comparant notre situation à celle d'autres personnes.

Lorsque nous perdons un être cher à un âge relativement avancé, par exemple, nous pouvons nous comparer à quelqu'un qui a perdu son parent à un âge beaucoup plus jeune et rationaliser notre douleur en nous disant que nous avons eu plus de temps avec notre parent et qu'il a eu une vie pleine et satisfaisante. Cette comparaison peut nous amener à minimiser notre propre douleur en la comparant à celle de quelqu'un d'autre, qui, selon notre perception, aurait "plus de raisons" de ressentir de la peine.

Cependant, ce mécanisme de défense peut être problématique car il nie ou minimise nos propres émotions légitimes de peine et de chagrin. En réalité, chaque individu vit sa propre expérience de perte et de douleur, et il est important de reconnaître et de valider nos propres émotions sans les comparer à celles des autres.

Un autre exemple de comparaison comme mécanisme de défense peut se produire lorsqu'une personne traverse une période de stress intense au travail. Plutôt que de reconnaître et de gérer ses propres sentiments de frustration ou d'angoisse, elle pourrait se comparer à ses collègues qui semblent gérer la pression avec calme et assurance. En se disant que d'autres personnes ont des charges de travail aussi lourdes ou des responsabilités plus importantes, elle tente de minimiser ses propres émotions en les comparant à celles des autres.

Cependant, cette comparaison peut être un moyen de nier ou de minimiser ses propres besoins émotionnels, ce qui peut entraîner une détérioration de la santé mentale à long terme. Au lieu de reconnaître et de traiter ses propres émotions, la personne utilise la comparaison comme un moyen de se détourner de ses émotions légitimes de stress ou de surcharge de travail. Cela peut conduire à une suppression émotionnelle et à une incapacité à faire face efficacement aux défis professionnels.

Il est important de reconnaître que chacun réagit différemment au stress et aux pressions de la vie, et que comparer nos émotions à celles des autres peut être une stratégie défensive contre la prise de conscience de nos propres besoins émotionnels.

Utiliser la comparaison pour nier nos émotions peut conduire à la suppression ou à la répression de nos propres émotions, ce qui peut avoir des conséquences néfastes à long terme sur notre bien-être émotionnel et notre capacité à faire face au deuil.

Au lieu de cela, il est préférable de reconnaître et de valider nos propres émotions, puis de chercher des moyens sains de les gérer.

Imaginons par exemple le cas de Cloé, qui se sent stressée et dépassée par sa charge de travail et les attentes de son patron envers elle. Disons aussi qu'elle constate que ses collègues qui occupent le même poste et qui doivent affronter des charges de travail comparables ne semblent pas aussi stressés qu'elle.

Si Cloé se compare à ses collègues, elle pourrait se sentir coupable de ses émotions, auxquelles elle considère ne pas avoir droit, ce qui exacerberait son sentiment d'impuissance ou d'incompétence.

Par contre, si elle reconnaissait ses émotions et les acceptait, elle pourrait décider de les partager avec ses collègues. Par exemple, elle pourrait dire: "Nous occupons le même poste et devons faire face aux mêmes charges de travail, mais vous avez l'air tellement zen, alors que moi, je stresse au point d'en faire de l'insomnie! Pouvez-vous me donner votre truc?"

Peut-être que ses collègues pourraient effectivement partager avec elle des stratégies de gestion du stress. Ou peut-être que ses collègues lui confieraient qu'ils sont tout aussi stressés qu'elle, malgré les apparences. Dans ce cas, un dialogue entre collègues pourrait

Ann Brosseau

mener à l'exploration de solution à une problématique commune.

Reconnaître ses propres mécanismes de défense centrés sur soi

Reconnaître l'existence de ses propres mécanismes de défense centrés sur soi peut être un processus plus subtil que de reconnaître les mécanismes centrés sur l'autre, qui tendent à se manifester de manière plus immédiate dans les interactions sociales.

Les mécanismes de défense centrés sur soi ont tendance à se développer inconsciemment et progressivement au fil du temps, ce qui rend leur identification parfois plus complexe.

Un moyen de reconnaître ces mécanismes est de prêter attention aux schémas récurrents dans nos pensées, nos émotions et nos comportements. Par exemple, si vous remarquez que vous avez tendance à minimiser l'importance de vos propres émotions ou à ignorer vos besoins personnels, cela peut indiquer que vous utilisez un mécanisme de défense centré sur soi tel que la négation ou le refoulement.

Étant donnée la nature graduelle et insidieuse des mécanismes de défense tels que le refoulement et le déni, ainsi que la progression progressive des comportements et des activités vers l'excès, il n'est pas surprenant que leurs conséquences soient plus observables que le comportement défensif lui-même.

Ces mécanismes de défense peuvent être associés à des problèmes de santé mentale tels que la dépendance, les troubles de l'alimentation, les troubles anxieux et les troubles de la personnalité.

Observer ses propres comportements et en analyser les conséquences peut nous aider à repérer des problématiques liées à des mécanismes de défense centrés sur soi, comme les excès d'activités ou de consommation. Par exemple, on peut se demander les questions suivantes:

1. Est-ce que je passe plus de temps que prévu à travailler ou à étudier, au point de négliger d'autres aspects de ma vie ?

2. Est-ce que je regarde la télévision ou des films pendant de longues périodes, au détriment d'autres activités importantes et de mes relations ?

3. Est-ce que je passe des heures sur des jeux vidéo ou des jeux en ligne, au point de négliger mes responsabilités ou mes relations familiales ?

4. Est-ce que je consomme de l'alcool ou d'autres substances de manière excessive et/ou régulière ?

5. Est-ce que je mange de façon compulsive ou désordonnée, même lorsque je n'ai pas réellement faim ou lorsque je sais que je ne devrais pas avoir faim ?

6. Est-ce que je fais du shopping de manière compulsive, en dépensant plus que ce que je peux me permettre ?

7. Est-ce que je passe de nombreuses heures sur les réseaux sociaux ou sur Internet, en perdant le sens du temps ?

8. Est-ce que je pratique des activités sportives de manière excessive, au point de compromettre ma santé physique ou mes relations ?

9. Est-ce que je me plonge dans des loisirs ou des hobbies de manière excessive, au détriment de d'autres aspects de ma vie ?

10. Est-ce que je consacre beaucoup de temps aux activités religieuses, au point que cela affecte mes relations ou mon bien-être personnel ?

11. Est-ce que je lis des livres ou des magazines de manière compulsive, en négligeant d'autres tâches ou responsabilités ?

12. Est-ce que j'utilise le bruit, comme la télévision ou la musique, pour éviter de réfléchir ou de faire face à mes émotions ?

13. Est-ce que je passe beaucoup de temps à dormir ou à me reposer, au point que cela affecte ma productivité ou ma vie sociale ?

14. Est-ce que je m'implique dans des relations amoureuses ou des aventures sans engagement sérieux, en cherchant constamment de nouvelles distractions ?

15. Est-ce que je me lance impulsivement dans des projets à grande échelle sans réfléchir aux conséquences ?

16. Est-ce que je me concentre excessivement sur le nettoyage ou l'organisation de mon environnement, au point d'en faire une obsession ?

17. Est-ce que je participe à des comportements à risque, comme la conduite dangereuse ou la participation à des activités illégales, sans considérer ou en minimisant les conséquences ?

Finalement, plusieurs études ont démontré que les mécanismes de défense peuvent avoir un impact nuisible sur la santé physique, particulièrement le mécanismes de refoulement (ou répression).

Il est important de noter que le lien entre les maux physiques et le refoulement d'une émotion particulière peut varier d'une personne à l'autre et peut être influencé par de nombreux facteurs individuels. Cependant, selon une étude publiée dans le *Journal of Psychosomatic Research* en 2018, voici quelques exemples généraux de maux physiques et leur lien potentiel avec le refoulement d'une émotion spécifique :

• Maux de tête chroniques : Le refoulement de la colère ou de la frustration peut être associé à des maux de tête fréquents ou chroniques. Selon une recherche menée par Smith et al. (2016), la suppression des émotions liées à la colère peut entraîner une tension musculaire dans la région de la tête et du cou, ce qui peut déclencher des maux de tête.

- Problèmes gastro-intestinaux : Le refoulement de l'anxiété ou du stress peut être lié à des problèmes gastro-intestinaux tels que les maux d'estomac, les ballonnements, les crampes ou les troubles digestifs. Selon une étude publiée dans *Digestive Diseases and Sciences* en 2017, le stress émotionnel refoulé peut affecter le fonctionnement normal du système digestif et aggraver les symptômes gastro-intestinaux.

- Douleurs musculaires et tensions : Le refoulement de la tristesse, de la peur ou de la douleur émotionnelle peut se manifester physiquement sous forme de tensions musculaires, de raideurs et de douleurs corporelles. Selon une méta-analyse publiée dans *Pain* en 2019, les émotions refoulées peuvent provoquer une tension musculaire chronique, en particulier dans les épaules, le cou et le dos.

- Troubles respiratoires : Le refoulement de la peur, de l'anxiété ou de la détresse émotionnelle peut être associé à des troubles respiratoires tels que l'asthme, les crises de panique ou la sensation d'étouffement. Selon une revue systématique publiée dans *Respiratory Medicine* en 2020, les émotions refoulées peuvent entraîner une respiration superficielle ou irrégulière, ce qui peut aggraver les symptômes respiratoires.

Il est important de reconnaître que chaque personne peut réagir différemment au refoulement émotionnel. Il est également crucial de consulter un professionnel de la santé pour évaluer et traiter tout problème de santé physique.

Cependant, il est aussi important de savoir que la présence de maux physique est une autre façon de reconnaître la potentielle existence de ces mécanismes de défense chez soi.

En résumé, reconnaître les mécanismes de défense centrés sur soi implique une introspection, une prise de conscience de nos propres schémas de pensée, d'émotions et de comportements et une attention particulière aux manifestations physiologiques possibles des émotions refoulées.

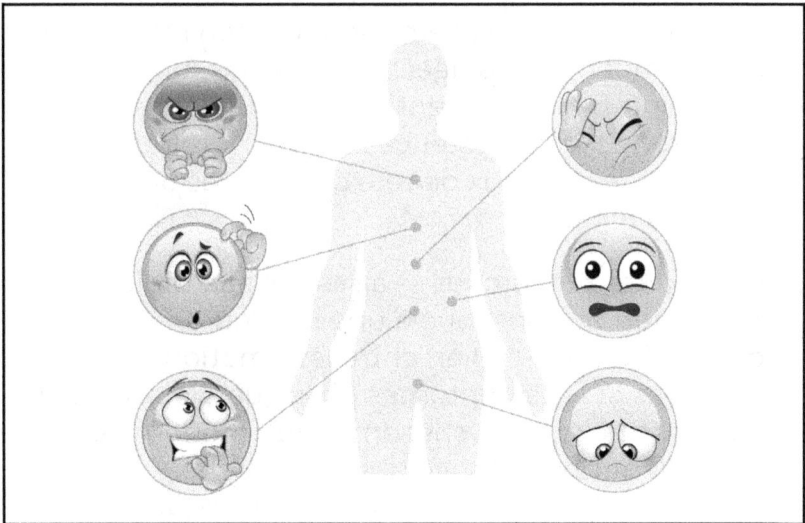

Ce n'est pas d'hier!

Dès les années 30, Anna Freud, une pionnière de la psychanalyse infantile et la fille de Sigmund Freud, a étudié le lien entre le refoulement des émotions et certaines maladies physiques en examinant les manifestations psychosomatiques chez les enfants. Elle a observé que les enfants exprimaient souvent leurs conflits émotionnels à travers des symptômes physiques, tels que des maux de tête, des troubles gastro-intestinaux ou des douleurs corporelles, plutôt que par la verbalisation de leurs émotions.

À travers ses observations cliniques, Anna Freud a noté que ces symptômes physiques semblaient être liés à des conflits émotionnels non résolus ou à des émotions refoulées. Par exemple, un enfant pourrait refouler des sentiments de colère envers un parent et manifester ces émotions refoulées sous forme de maux de tête chroniques ou de troubles digestifs.

Grâce à ses recherches et à ses travaux cliniques, Anna Freud a contribué à une meilleure compréhension du lien entre les émotions refoulées et les symptômes physiques, jetant ainsi les bases pour la psychosomatique moderne et soulignant l'importance d'une approche holistique de la santé mentale et physique.

EXERCICE: RÉFLEXION

Prenez le temps de vous remémorer des situations où vous avez eu recours à un mécanisme de défense centré sur soi. Pour chaque mécanisme de défense dont vous vous souvenez, réfléchissez pour identifier le déclencheur et l'émotion déclenchée.

Vous pouvez recréer le tableau suivant pour noter vos réflexions dans votre cahier de notes ou les noter ici :

Mécanisme de défense centré sur soi	Déclencheur	Émotion(s)
Évitement		
Fuite		
Refoulement, répression, déni ou négation		
Excès d'activités ou de consommation		
Comparaison		

Ann Brosseau

Comment êtes-vous parvenu à déceler vos
mécanismes de défense centré sur soi ?

_____

_____

_____

_____

_____

_____

_____

_____

_____

_____

Quelles ont été les conséquences de ces mécanismes
de défense ?

Cochez tout ce qui s'applique:

⭕ Relations interpersonnelles insatisfaisantes

⭕ Besoins personnels non satisfaits

⭕ Conflits à l'intérieur de soi

L'importance vitale de présumer de bonnes intentions

Présumer de bonnes intentions chez autrui est bien plus qu'un geste de générosité envers les autres ; c'est avant tout un acte crucial pour notre propre bien-être émotionnel. Les recherches en psychologie sociale révèlent que nous avons tendance à présumer à tort de mauvaises intentions chez les autres, un biais cognitif connu sous le nom d'attribution hostile. Cela peut entraîner des malentendus et des conflits inutiles, qui peuvent avoir un impact nuisible sur notre qualité de vie.

En adoptant une perspective positive envers autrui, nous réduisons considérablement les chances de réagir de manière défensive, car nous interprétons les comportements des autres de manière moins menaçante et plus nuancée. Cette approche favorise des relations harmonieuses, ouvrant ainsi la voie à des interactions positives et gratifiantes. Présumer de bonnes intentions encourage également le développement de l'empathie, renforçant notre capacité à comprendre les expériences et les sentiments des autres.

En fin de compte, cette attitude bienveillante crée un cercle vertueux où notre bien-être émotionnel est nourri par nos interactions positives avec les autres.

○ Conflits avec les autres

○ Difficultés de communication

○ Difficultés à atteindre les objectifs

○ Perte d'énergie

○ Stress

○ Comportements défensifs chez les autres

○ Problèmes émotionnels (dépression, anxiété, etc)

○ Problèmes de santé physique

○ Autre(s): :

_____

_____

_____

Prendre conscience de ses propres mécanismes de défense peut demander du temps et de la pratique, mais cela constitue souvent un premier pas essentiel vers un plus grand bien-être émotionnel.

Dans le prochain chapitre, nous examinerons des façons saines et des techniques pour vaincre ses propres mécanismes de défense, pour accroître la satisfaction de nos besoins et améliorer nos relations.

4.3 COMMENT PUIS-JE VAINCRE MES COMPORTEMENTS DÉFENSIFS ?

Nous allons dans cette section explorer différents moyens de remplacer les mécanismes de défense par des mécanismes de protection pour gérer nos émotions de manière non-défensive.

Cependant, il est absolument primordial de savoir que le simple remplacement sans l'acceptation de l'émotion et la responsabilisation face à l'émotion est voué à l'échec. En fait, sans l'acceptation et la responsabilisation, on risque d'opter à son insu pour un différent mécanisme de défense plutôt que de bien utiliser un mécanisme de protection.

Les conditions préalables requises pour que les mécanismes de protection mènent au succès sont donc l'acceptation et la responsabilisation: deux mots tout simples, aussi faciles à comprendre que difficiles à mettre en action !

Si vous vous êtes déjà répété avec véhémence "je l'accepte, je l'accepte" ou "je vais l'accepter, je vais l'accepter", vous étiez en train d'essayer d'accepter, comme quand on se prépare à passer à l'action. Pourtant, "accepter", ce n'est pas quelque chose que l'on fait, c'est quelque chose qu'on laisse être. Il s'agit de lâcher prise, d'arrêter de "se battre contre l'émotion". Il s'agit de traiter l'émotion comme une information, tout simplement, sans la juger ni la rejeter.

L'ACCEPTATION ET LE LÂCHER PRISE

Comme l'acceptation est étroitement liée au lâcher-prise, il est utile d'en parler ici. Le lâcher prise, que nous avons vu plus en détail lors du chapitre précédent, est un état d'esprit et une attitude où l'on abandonne volontairement son besoin de contrôler ou de résister à une situation (ou résister à l'émotion). C'est une libération de toute tension ou anxiété liée à l'incapacité de changer ou de manipuler les circonstances. Cela implique d'accepter ce qui est, sans jugement ni résistance, et de permettre aux choses de suivre leur cours naturel.

Voici le processus que je vous propose pour vous assurer que les conditions préalables requises au succès de l'adoption de mécanismes de protection soient mises en place:

1. Soyez à l'écoute de votre "système d'alarme", c'est-à-dire comment votre corps vous signale que vous vous sentez défensif. Dès que l'alarme est sonnée, prenez un recul mental de la situation (vous pouvez mentalement vous dire "stop!"), pour éviter une réaction automatique défensive.

2. En vous concentrant sur cet endroit dans le corps qui vous envoie le signal, prenez une grande et lente respiration pour lâcher prise et accueillir l'émotion, sans jugement. Mentalement, vous pouvez lui dire quelque chose comme "Ah, t'es là, toi!" ou "OK, je t'écoute."

3. En prenant la responsabilité de votre émotion, vous avez le pouvoir de décider ce que vous allez en faire. Utilisez ce pouvoir pour vous demander ce que vous voulez obtenir de la situation. Ceci vous aidera à choisir délibérément une alternative au mécanisme de défense, c'est-à-dire un mécanisme de protection. Cette troisième étape constitue déjà le pont entre l'acceptation et le choix de mécanisme de protection.

Le schéma donne un aperçu graphique du processus en trois étapes. La quatrième et dernière étape sera ajoutée lorsque nous aurons présenté les mécanismes de protection.

Avec la pratique, ces trois étapes se font en quelques secondes. Avec beaucoup de pratique, on prend même l'habitude d'enclencher le processus aussitôt qu'on reçoit "l'alerte", sans trop y penser.

3 étapes préalables
Pour vaincre ses comportements défensifs

1 — Recevoir l'alerte — "Stop !" — Se concentrer sur la partie du corps qui sonne l'alerte

2 — Accueillir l'émotion — "Je t'écoute !" — Inspirer en lâchant prise pour accepter l'émotion

3 — Identifier le besoin ou l'objectif — "Qu'est-ce que je veux ?" — exercer son pouvoir de décision grâce à la responsabilisation

LA RESPONSABILISATION

Parlons maintenant de la responsabilisation, puisqu'on la mentionne dans l'étape 3 du processus présenté.

Pour se responsabiliser face à ses propres émotions, il faut tout simplement, mais très sincèrement y croire. Il faut croire que nos émotions nous appartiennent et qu'il en revient à nous d'en faire ce que nous choisirons.

Lorsque nous rendons l'autre responsable de nos émotions, nous abdiquons notre pouvoir sur notre senti. Si je crois que l'autre est responsable de ma tristesse, par exemple, cette tristesse ne pourra pas diminuer ni disparaitre que si l'autre décide de poser un geste qui la fera diminuer ou disparaitre. Je deviens donc la victime volontaire de l'autre.

Se responsabiliser face à ses émotions, c'est garder son pouvoir. L'autre est responsable de ses paroles et de ses gestes, mais les émotions déclenchées par ses paroles ou ses gestes m'appartiennent. C'es à moi de choisir ce que je veux en faire. Si les gestes de l'autre ont déclenché la tristesse, je peux choisir ce que je veux en faire. Par exemple, je peux choisir d'informer la personne de l'impact de ses gestes sur moi. Je peux choisir d'en parler avec une autre personne en qui j'ai confiance, pour y voir plus clair et aller chercher du soutien. Si je pense que j'ai peut-être mal compris ce que l'autre a voulu communiquer par ses gestes, je peux lui poser des questions pour obtenir une clarification. C'est mon choix parce que **je suis responsable de mes émotions**.

Si croire que nous sommes responsables de nos émotions s'aligne facilement avec nos autres croyances, la responsabilisation ne constituera pas un obstacle à notre capacité à vaincre nos comportements défensifs. Par contre, si notre façon d'être élevé et le milieu duquel nous venons nous a appris à adopter des croyances déresponsabilisantes, un travail de remise en question sera nécessaire, tel que nous l'avons vu dans le chapitre 1 du Tome 1 *Me découvrir, me comprendre, m'accueillir*, de la série *De soi vers l'autre*.

LES CHOIX DE MÉCANISMES DE PROTECTION

La quatrième et dernière étape du processus de gestion des émotions par la réponse non-défensive consiste à choisir et à bien utiliser le mécanisme de protection choisi, parmi les suivants :

Exprimer ses émotions responsablement

Pour exprimer vos émotions de manière responsable, exprimez-vous au "je" pour éviter de blâmer l'autre personne, en décrivant vos sentiments de manière spécifique et en évitant les généralisations. Choisissez un ton calme et posé pour maintenir une atmosphère de communication respectueuse et éviter un ton défensif qui pourrait facilement déclencher des comportements défensifs chez votre interlocuteur.

La façon de vous exprimer, c'est-à-dire le volume de votre voix, votre débit et votre ton sont tout aussi importants (ou même plus importants) que votre choix de mots. Il est recommandé de délibérément baisser la voix et de ralentir le débit quand vous vous exprimez dans le contexte d'un processus de gestion des émotions, et ce, non seulement pour l'utilisation de ce mécanisme de protection, mais de tous les mécanismes de protection.

Comparons une façon responsable d'exprimer ses émotions à une façon non responsable de s'exprimer lorsqu'on est aux prises avec des émotions dont on se défend :

Scénario #1

Amélie se sent déçue que son partenaire, Alex, soit rentré en retard à la maison sans la prévenir. Plutôt que de réagir impulsivement, elle prend une profonde inspiration pour se calmer. Lorsque Alex arrive, elle choisit ses mots avec soin et exprime ses sentiments de manière responsable. Elle dit : "Alex, je me suis inquiétée lorsque tu es rentré en retard sans me prévenir. De plus, je me sens négligée quand tu ne communiques pas tes changements d'horaire, car je t'attends en vain. Est-ce que nous pourrions discuter de la meilleure façon de gérer cela à l'avenir pour éviter les malentendus ?"

Scénario #2

Amélie est contrariée parce que son partenaire, Alex, est rentré en retard à la maison sans la prévenir. Elle est frustrée par son manque de communication et exprime son mécontentement de manière abrupte dès qu'il franchit la porte. Elle dit d'un ton accusateur : "Tu es toujours en retard ! Tu ne te soucies jamais de me prévenir quand tu vas être en retard. Tu n'as aucun respect pour notre relation !"

Voyez-vous la différence entre l'expression responsable des émotions (Scénario #1) et l'utilisation d'un mécanisme de défense, en l'occurence, l'accusation (Scénario #2) ?

L'expression responsable des émotions, comme tous les mécanismes de protection, n'est pas une garantie que l'autre personne ne deviendra pas défensif. Par exemple, dans le scénario #1, Alex pourrait se sentir blâmé, accusé ou critiqué et réagir de manière défensive, puisque l'être humain réagit à son interprétation et ses perceptions de ce qui est dit plutôt que ce qui est dit.

L'objectif des mécanismes de protection est de *vous* comporter de manière non défensive pour bien gérer *vos* émotions. Du même coup, les chance de déclencher l'autre sont réduites par rapport à une réaction défensive. Nous pouvons par exemple très bien imaginer qu'il serait difficile pour Alex de ne pas réagir de manière défensive dans le scénario #2.

L'expression authentique et responsable des émotions peut être intimidante pour beaucoup de gens parce qu'elle implique de se rendre vulnérable en exposant ses émotions. Pour beaucoup, cette vulnérabilité est associée à un sentiment de faiblesse ou de peur d'être rejeté ou jugé par les autres.

Pourtant, bien que l'expression des sentiments soit souvent perçue comme une forme de faiblesse, elle demande en réalité une grande force intérieure, du courage et une saine confiance en soi. Cela nécessite du courage pour se montrer vulnérable, pour partager ses émotions avec les autres, et pour affronter la possibilité de réactions imprévues ou de rejet.

Choisir d'exprimer ses sentiments de manière assertive (plutôt qu'agressive ou plaintive) est un acte de force personnelle. Paradoxalement, la force que nécessite l'expression assertive de soi vient avec la pratique. Il faut donc prendre des risques et le faire *avant* de se sentir entièrement confiant pour éventuellement se sentir très confiant à le faire.

Être assertif signifie être capable de communiquer ses besoins, ses sentiments et ses opinions de manière claire, honnête et respectueuse envers soi-même et envers les autres. Cela implique de reconnaître sa propre valeur et de s'affirmer tout en respectant les autres.

En exprimant nos émotions de manière assertive, nous montrons une confiance en nous-mêmes et en notre capacité à gérer les réactions des autres, même si elles peuvent être difficiles. Nous faisons également preuve de respect envers les autres en communiquant de manière respectueuse et en évitant de blâmer ou de critiquer.

En fin de compte, être capable d'exprimer ses sentiments de manière assertive contribue à renforcer notre estime de soi, à améliorer nos relations avec les autres et à favoriser un environnement de communication ouverte et authentique. Cela demande une force intérieure et un courage qui, loin d'être une faiblesse, sont en fait des signes de maturité émotionnelle et de résilience.

Exprimer ses émotions de manière responsable demande du courage, surtout lorsque ce comportement n'est pas habituel. Il peut être plus confortable de commencer à le pratiquer avec les personnes proches de nous, celles qui ont à cœur notre intérêt et notre bien-être. Ces personnes sont souvent plus enclines à écouter nos émotions avec empathie et à nous soutenir dans notre démarche de communication émotionnelle. Leur proximité et leur compréhension peuvent fournir un environnement plus sécuritaire pour pratiquer l'expression authentique de nos émotions.

De plus, recevoir une réponse positive de ces personnes peut renforcer notre confiance en nous-mêmes et notre capacité à exprimer nos émotions de manière responsable dans d'autres contextes. En choisissant ces personnes comme point de départ, nous pouvons progressivement étendre notre pratique de l'expression émotionnelle à d'autres relations et situations, en développant ainsi notre compétence et notre confort dans la communication de nos émotions.

Petit truc

Lorsqu'on exprime responsablement ses émotions et que l'on souhaite réduire les chances que notre interlocuteur réagisse de manière défensive, ça peut aider d'ajouter "Je sais que ce n'est pas ton intention".

Par exemple: "Alex, je me suis inquiétée lorsque tu es rentré en retard sans me prévenir. Je sais que ce n'est pas ton intention, mais je me sens négligée quand tu ne me tiens pas au courant de tes changements d'horaire."

EXERCICE: RÉFLEXION

Prenez le temps de vous remémorer une situation où vous avez eu recours à l'expression responsable de vos émotions au lieu de vous laisser emporter par un sentiment défensif.

- Quelle était la situation ?

  _____

  _____

  _____

- Qu'est-ce qui vous a déclenché ?

  _____

  _____

  _____

  _____

  _____

- Quelle(s) émotion(s) avez-vous vécue(s) et exprimée(s) ?

  _____

  _____

  _____

  _____

  _____

  _____

  _____

- Quelles ont été les conséquences ?

_____

_____

_____

_____

_____

_____

_____

_____

- Pourquoi a-t-il été possible pour vous d'exprimer vos émotions de manière responsable?

_____

_____

_____

_____

_____

_____

_____

_____

Prenez le temps de vous remémorer une situation où vous êtes devenu défensif, mais où vous croyez qu'il aurait été préférable d'avoir recours à l'expression responsable de vos émotions au lieu de vous laisser emporter par un sentiment défensif.

· Quelle était la situation ?

_____

_____

_____

· Qu'est-ce qui vous a déclenché ?

_____

_____

_____

_____

_____

· Quelle(s) émotion(s) avez-vous vécue(s) ?

_____

_____

_____

_____

_____

_____

149

- Quelles ont été les conséquences d'être défensif et de ne pas les exprimer vos émotions?

- Écrivez exactement ce que vous diriez si vous aviez la chance de retourner dans le passé pour exprimer vos émotions responsablement.

_____

_____

_____

_____

_____

_____

_____

_____

_____

_____

_____

_____

_____

_____

_____

_____

_____

Ann Brosseau

Faire une demande

Faire une demande consiste à exprimer clairement à une autre personne ce que vous souhaitez qu'elle fasse ou qu'elle change dans une situation donnée. Cela peut inclure des demandes concernant des actions spécifiques, des changements de comportement, des besoins émotionnels ou des préférences personnelles.

L'objectif d'une demande est de communiquer efficacement vos besoins et vos désirs tout en respectant les droits et les sentiments de l'autre personne. Une demande bien formulée est spécifique, directe, respectueuse et donne à l'autre personne la possibilité de choisir librement comment répondre à votre demande.

Comparons une façon responsable et respectueuse de faire une demande à une façon défensive de réagir :

Scénario #1

Julie veut que son colocataire arrête de laisser ses affaires traîner dans les espaces communs de l'appartement. Elle choisit un moment calme pour discuter avec lui et lui dit : "Salut, est-ce qu'on peut discuter quelques instants ? Je voudrais te parler du désordre dans les espaces communs. Je me sens frustrée lorsque je rentre à la maison et que je vois des affaires qui traînent partout. je trouve difficile de me détendre dans un environnement aussi encombré. Est-ce qu'on pourrait trouver un moyen de maintenir les espaces communs propres et rangés ? Peut-être pourrions-nous établir un système de rangement ou fixer des règles pour l'utilisation des espaces communs?"

Scénario #2

Julie veut que son colocataire arrête de laisser ses affaires traîner dans les espaces communs de l'appartement. Un jour, elle se sent particulièrement agacée par le désordre et elle dit à son colocataire d'un ton agacé : "Tu es toujours si désordonné ! Tu ne peux pas ranger tes affaires comme tout le monde ? Tu m'énerves !"

Dans les deux "bons" scénarios présentés dans les sections "L'expression responsable des émotions" et "La demande", nous avons vu comment les deux mécanismes de protection ont été utilisés conjointement.

Lorsqu'ils sont utilisés conjointement, l'expression responsable des émotions permet de communiquer ses sentiments de manière authentique, tandis que la formulation de demandes claires aide à identifier les actions spécifiques qui peuvent répondre aux besoin. Ensemble, ces deux mécanismes permettent une communication plus complète et efficace. De plus, en exprimant clairement ses émotions et en formulant des demandes précises, il y a moins de place pour les malentendus ou les interprétations erronées. Cela favorise une meilleure compréhension mutuelle et réduit les conflits potentiels.

L'expression responsable des émotions permet de mettre en lumière les sources de tension ou de conflit, tandis que la formulation de demandes claires aide à identifier des solutions constructives. Ensemble, ces mécanismes permettent de trouver des compromis et des solutions aux problèmes de manière proactive.

En somme, l'utilisation conjointe de l'expression responsable des émotions et de la formulation de demandes claires favorise une communication efficace, la résolution proactive des problèmes et l'harmonie dans les relations interpersonnelles. Cela permet également aux individus de se sentir plus confiants et plus responsables dans leurs interactions avec les autres.

Ceci dit, il peut être préférable d'utiliser seulement l'expression des émotions, sans nécessairement faire une demande lorsque l'objectif principal est de partager ses sentiments avec quelqu'un et de recevoir du soutien ou de la validation, sans nécessairement attendre une action spécifique de sa part.

D'autre part, il peut être préférable d'utiliser seulement la demande, sans forcément exprimer ses émotions, lorsqu'il est nécessaire de demander une action spécifique de la part de quelqu'un pour répondre à un besoin pratique ou lorsque notre objectif est de trouver une solution ou de trouver un compromis sur une question spécifique.

L'expression des émotions et la formulation de demandes sont des outils importants de communication, mais il est important de reconnaître quand il est préférable de les utiliser séparément en fonction des besoins et des objectifs spécifiques de la situation.

Notre propre aise selon le contexte relationnel peut aussi être le facteur décisif quant au choix de mécanisme entre l'expression des émotions et la demande. Plus souvent qu'autrement, on se sentira plus à l'aise d'exprimer nos émotions avec des personnes proches et de faire une demande dans un contexte plus impersonnel ou dans un contexte professionnel.

D'ailleurs, la demande est un outil de communication très efficace dans le contexte professionnel, lorsqu'un client, un patron ou un collègue est mécontent et déclenche chez nous un sentiment défensif. Le "petit truc" suivant montre comment on peut formuler une demande qui permettra l'atteinte d'objectifs communs.

Par exemple, supposons qu'un client soit en colère parce qu'il a reçu un produit défectueux et qu'il appelle le service à la clientèle pour exprimer sa frustration. Plutôt que répondre de manière défensive, l'agent du service à la clientèle peut choisir de formuler une demande qui prend en compte les intérêts du client tout en cherchant à résoudre le problème de manière efficace.

Il pourrait dire: "Je comprends votre frustration et je suis désolé pour le désagrément que cela vous a causé[5]. J'aimerais vous offrir plusieurs options pour remédier à cette situation et m'assurer que vous êtes satisfait du résultat. Est-ce que cela vous conviendrait de discuter de ces options ensemble ?"

Pour formuler une demande, on peut se poser la question "Qu'est-ce que je souhaite atteindre comme résultat dans cette interaction (ou dans cette relation)?", comme on le suggère à l'étape 3 dans le schéma de la page 138. Si je me dis que j'aimerais bien qu'on trouve une solution, je peux formuler la demande ainsi : "Qu'en pensez-vous si on explorait ensemble les solutions à ce problème ?".

Petit truc

Lorsqu'on communique avec une personne réticente ou susceptible de réagir de manière défensive, il peut être bénéfique de formuler une demande qui prend en considération ses intérêts autant que les nôtres, favorisant ainsi une meilleure réceptivité et collaboration.

---

[5] Nous nous étendrons en profondeur dans le guide pratique intitulé *Mieux communiquer pour réaliser mes objectifs* sur l'importance et la façon d'accueillir l'émotion de l'autre (souvent exprimée de manière défensive) pour désamorcer la tension et diminuer la résistance dans les communications interpersonnelles, tel que le fait l'agent du service à la clientèle dans cet exemple.

EXERCICE: RÉFLEXION

Prenez le temps de vous remémorer une situation où vous avez eu recours à la demande au lieu de vous laisser emporter par un sentiment défensif.

· Quelle était la situation ?

_____

_____

_____

· Qu'est-ce qui vous a déclenché ?

_____

_____

_____

_____

· Quelle(s) émotion(s) avez-vous vécue(s) ?

_____

_____

_____

_____

_____

_____

Ann Brosseau

- Quelle demande avez-vous faite ? *Essayez de vous rappeler exactement ce que vous avez dit et notez-la.*

- Quelles ont été les conséquences de faire une demande?

- Pourquoi a-t-il été possible pour vous de faire une demande plutôt que devenir défensif ?

Prenez le temps de vous remémorer une situation où vous êtes devenu défensif, mais où vous croyez qu'il aurait été préférable d'avoir recours à la demande au lieu de vous laisser emporter par un sentiment défensif.

· Quelle était la situation ?

_____

_____

_____

· Qu'est-ce qui vous a déclenché ?

_____

_____

_____

· Quelle(s) émotion(s) avez-vous vécue(s) ?

_____

_____

_____

_____

_____

_____

Ann Brosseau

- Quelles ont été les conséquences d'être défensif et de ne pas faire une demande ?

_____
_____
_____
_____
_____
_____

- Écrivez exactement ce que vous diriez si vous aviez la chance de retourner dans le passé pour faire une demande.

_____
_____
_____
_____
_____
_____
_____
_____
_____
_____

La clarification

La clarification consiste à chercher à comprendre plus en profondeur les points de vue ou les intentions de l'autre personne dans une situation de communication. Plutôt que de réagir de manière défensive ou de rejeter les critiques ou les commentaires de l'autre, la clarification implique d'approfondir la compréhension en posant des questions ouvertes et en cherchant à clarifier les malentendus possibles.

Par exemple, au lieu de réagir défensivement à une critique en disant quelque chose comme "Ce n'est pas de ma faute !" ou "C'est absolument faux !", une personne pourrait choisir de clarifier en demandant des informations supplémentaires ou en exprimant un désir sincère de comprendre le point de vue de l'autre.

Voici quelques situations particulières où la clarification pourrait être la meilleure façon d'éviter une réaction défensive :

· Quand on se sent insulté : La clarification peut aider lorsqu'on se sent insulté en permettant de mieux comprendre l'intention derrière les paroles de l'autre et en ouvrant la voie à une communication constructive pour résoudre un potentiel malentendu.

Par exemple, pendant une réunion d'équipe, Abdul fait un commentaire critique sur le travail de Loretta, ce qui déclenche chez elle le sentiment d'être insultée. Elle lui dit : "Abdul, est-ce que tu pourrais m'expliquer ce que tu entends par ....? Je veux comprendre ton point de vue pour voir s'il y a quelque chose qu'on peut faire pour améliorer notre collaboration."

Par contraste, voici un exemple d'une réaction défensive è éviter : Louise a fait un commentaire qui semble mettre en doute la pertinence d'un projet mené par Luis, qui s'est senti insulté. Il lui dit : "Comment oses-tu dire ça ? Tu ne sais même pas de quoi tu parles !"

- Lorsque des critiques sont exprimées : Plutôt que de réagir immédiatement de manière défensive face à une critique, prendre le temps de clarifier la signification exacte de la critique peut aider à éviter les malentendus et à favoriser une réponse plus constructive.

Par exemple, Paul reçoit une critique de son patron sur son rapport. Il demande des exemples concrets de ce qu'il pourrait améliorer et prend des notes pour s'améliorer: "Je comprends, pouvez-vous me donner quelques exemples spécifiques où je pourrais améliorer mon rapport ?"

Par contraste, voici un exemple d'une réaction défensive è éviter : Sarah reçoit une critique de son collègue sur son projet. Elle se sent attaquée et répond en disant que son collègue ne comprend rien à son travail. "Tu n'as aucune idée de ce dont tu parles ! Mon projet est parfaitement réalisé, c'est toi qui ne comprends rien !"

- En cas de désaccord : Lorsqu'il y a un désaccord sur un sujet, demander des clarifications sur les points de vue de chacun peut aider à mieux comprendre les perspectives divergentes et à éviter l'exacerbation du conflit.

Par exemple, Lisa et Tom ont un désaccord sur la meilleure approche pour résoudre un problème. Lisa dit : "Je vois ton point, mais j'aimerais mieux comprendre pourquoi tu penses que cette approche fonctionnerait mieux."

Par contraste, voici un exemple d'une réaction défensive è éviter : Alex et Maria ont un désaccord sur la planification d'un événement. Alex refuse de considérer les suggestions de Maria et insiste sur sa propre opinion : "C'est ma façon de faire les choses et je ne vais pas changer juste parce que tu le veux !"

- Face à des directives ambiguës : Lorsque des instructions ou des attentes semblent ambiguës, demander des clarifications sur ce qui est précisément attendu peut éviter les erreurs ou les frustrations ultérieures qui causent du stress.

Par exemple, Julia reçoit des directives ambigües de son superviseur. Elle demande des éclaircissements sur ce qui est exactement attendu et formule des questions spécifiques pour clarifier la situation: "Je ne suis pas sûr de comprendre, pourriez-vous préciser ce que vous attendez exactement de moi dans ce projet ?"

Par contraste, voici un exemple d'une réaction défensive è éviter : Ben reçoit des instructions ambiguës de son collègue. Plutôt que de demander des éclaircissements, il présume que son collègue attend quelque chose de différent et ignore ses instructions. Il lui dit : "Je sais ce que je fais, pas besoin de me dire comment faire mon travail !"

- En cas de communication non verbale contradictoire : Si la communication non verbale de l'autre personne semble être en contradiction avec ses paroles, demander des clarifications peut aider à comprendre le véritable message qu'elle cherche à transmettre.

*P*ar exemple, Marie remarque que son ami semble contrarié malgré ses paroles rassurantes. Elle lui dit : "Tu me dis que tu vas bien, mais tu me sembles soucieux. Par exemple, quand je t'ai raconté mon weekend plus tôt, tu as répondu de sorte que c'était évident que tu ne m'avais pas bien entendue. Peux-tu me dire ce qui se passe? J'espère que tu sais que je suis là, si tu as besoin de parler."

Par contraste, voici un exemple d'une réaction défensive è éviter : Jean observe que son collègue sourit pendant une réunion, mais ses commentaires sont critiques. Jean pense que son collègue essaie de le ridiculiser et réagit en devenant sarcastique. Il dit : "Oh, bien sûr, tout le monde est en train de s'amuser à mes dépens, n'est-ce pas ? Faites-vous en pas, j'suis habitué d'être traité en clown !"

- Face à des informations incomplètes : Lorsque des informations semblent incomplètes ou confuses, demander des clarifications peut aider à obtenir les détails nécessaires pour prendre des décisions éclairées ou pour résoudre un problème efficacement.

Par exemple, Emily reçoit un courriel avec des instructions partielles pour un nouveau projet. Elle se sent agacée. Pour résoudre la situation, elle demande des précisions sur les éléments manquants en écrivant: "Pourriez-vous SVP me donner plus de détails sur ce point ? Je veux m'assurer de bien comprendre ce qui est attendu de moi."

Par contraste, voici un exemple d'une réaction défensive è éviter : David reçoit des informations incomplètes sur un projet. Au lieu de demander des éclaircissements, il conclut que les autres ont mal communiqué, ne fait rien et devient agressif lors d'une réunion subséquente, s'exclamant : "Comment sommes-nous censés faire notre travail si nous ne recevons même pas les informations nécessaires ?!"

Voici des exemples de questions à poser pour obtenir la clarification dans différents contextes :

- "Pourriez-vous m'expliquer plus en détail ce que vous voulez dire ?"

- "Qu'entendez-vous exactement par ... ?"

- "Est-ce que vous pourriez me donner plus de détails sur ce que vous voulez dire par... ?"

- "Pourriez-vous me donner plus de détails sur ce que vous avez trouvé problématique ?

- "Pouvez-vous m'expliquer ce que vous attendez de moi dans cette situation ?"

- "Vous avez l'air contrarié, est-ce qu'il y a quelque chose qui ne va pas ?"

- "Je remarque que votre langage corporel semble indiquer autre chose que ce que vous dites, pourriez-vous m'expliquer cela ?"

- "Pouvez-vous m'expliquer en quoi vous pensez que cette approche serait plus efficace ?"

- "Je ne suis pas certain de comprendre ce que vous voulez dire par ... Pouvez-vous clarifier ?"

- "Pouvez-vous me donner un exemple concret pour illustrer ce que vous dites, afin que je puisse mieux comprendre ?"

- "Qu'est-ce qui vous amène à penser cela ?"

- "Qu'est-ce qui vous amène à m'exprimer cela ?"

- "Avez-vous des suggestions sur la manière dont nous pourrions progresser à partir d'ici ?"

Posées de manière calme et sans jugement, ces questions peuvent aider à clarifier les intentions, les préoccupations ou les significations derrière les propos de l'autre personne, ce qui favorise une meilleure compréhension mutuelle et une communication plus efficace.

La clarification permet d'éviter les malentendus, de favoriser une communication plus ouverte et de renforcer la relation en démontrant un engagement envers la compréhension mutuelle. C'est un moyen efficace de gérer les situations de communication tendues ou conflictuelles en créant un espace pour un dialogue constructif et une résolution de problèmes.

Soigner son langage non verbal lorsqu'on pose des questions pour obtenir la clarification est crucial pour éviter toute interprétation défensive. Le ton de la voix, le débit et le volume peuvent grandement influencer la manière dont nos questions sont perçues par l'autre personne.

Si l'on a accepté l'émotion déclenchée et qu'on s'en responsabilise, les indices non verbaux devraient être non défensifs. Cependant, lorsqu'on se sent insulté ou offensé, on risque de présumer que la personne nous a insulté ou offensé volontairement. Cette présomption risque fortement de nuire à la communication et de nous garder dans une attitude défensive.

Par contre, lorsque nous présumons de bonnes intentions et que nous utilisons la clarification pour mieux comprendre les intentions de l'autre personne, nous réduisons considérablement les chances de réagir de manière défensive lorsqu'on se sent insulté ou offensé. En comprenant mieux la perspective de l'autre et en choisissant de lui accorder le bénéfice du doute, nous sommes moins enclins à prendre les commentaires ou les actions de manière personnelle et à réagir de manière agressive ou défensive.

EXERCICE: RÉFLEXION

Prenez le temps de vous remémorer une situation où vous avez eu recours à la clarification au lieu de vous laisser emporter par un sentiment défensif.

- Quelle était la situation ?

_____

_____

_____

- Qu'est-ce qui vous a déclenché ?

_____

_____

_____

_____

- Quelle(s) émotion(s) avez-vous vécue(s) ?

_____

_____

_____

_____

_____

_____

- Comment avez-vous cherché la clarification ? *Essayez de vous rappeler exactement ce que vous avez dit et notez-le.*

- Quelles ont été les conséquences de cette demande de clarification ?

- Pourquoi a-t-il été possible pour vous de demander la clarification plutôt que devenir défensif ?

Prenez le temps de vous remémorer une situation où vous êtes devenu défensif, mais où vous croyez qu'il aurait été préférable d'avoir recours à la clarification au lieu de vous laisser emporter par un sentiment défensif.

· Quelle était la situation ?

_____

_____

_____

· Qu'est-ce qui vous a déclenché ?

_____

_____

_____

· Quelle(s) émotion(s) avez-vous vécue(s) ?

_____

_____

_____

_____

_____

_____

_____

- Quelles ont été les conséquences d'être défensif et de ne pas demander de clarification ?

_____

_____

_____

_____

_____

_____

- Écrivez exactement ce que vous diriez si vous aviez la chance de retourner dans le passé pour faire demander la clarification.

_____

_____

_____

_____

_____

_____

_____

_____

_____

Ann Brosseau

Dans les rapports interpersonnels qui restent insatisfaisants, il est possible qu'une personne doivent recourir à des mécanismes de protection plus "extrêmes", pour préserver son propre bien-être ou son équilibre psychologique, surtout si le recours à d'autres mécanismes (expression de soi, demande, clarification) n'a pas mené à des résultats acceptables pour la personne.

Ces deux mécanismes de protection s'appellent "poser ses limites" et "choisir son environnement".

Poser ses limites

Poser ses limites est un mécanisme de protection qui implique de définir et de communiquer clairement ses propres besoins et limites personnels dans une interaction ou une relation. Plutôt que de réagir de manière défensive ou agressive lorsque nos limites sont franchies, poser ses limites consiste à exprimer de manière calme et assertive ce qui est acceptable pour nous et ce qui ne l'est pas. Cela permet de maintenir des frontières saines et de préserver notre bien-être émotionnel.

En posant ses limites, on prend la responsabilité de notre propre bien-être et on communique nos besoins de manière constructive, ce qui favorise une meilleure compréhension mutuelle et une relation plus équilibrée. Cela nous permet également de nous protéger des comportements intrusifs, abusifs ou néfastes des autres, tout en préservant le respect et la dignité de toutes les parties impliquées.

Poser ses limites est donc un moyen de se protéger et de protéger nos relations en établissant des frontières claires et en communiquant nos besoins de manière assertive, plutôt que de recourir à des mécanismes de défense qui peuvent être contre-productifs et nuire à la qualité de nos interactions.

Voyons quelques exemples qui démontrent comment bien poser ses limites, suivi d'un exemple où la personne devient défensive plutôt que de poser ses limites.

Scénario #1

Thomas, lors d'une réunion de travail, exprime son opinion sur un projet, mais sa collègue Sarah l'interrompt constamment et essaie de lui imposer ses propres idées. Thomas attend poliment qu'elle termine son intervention, puis lui dit avec assurance : "Sarah, je comprends que tu aies des idées différentes, mais j'aimerais pouvoir finir de partager mes points de vue avant de passer à d'autres suggestions. Pourrions-nous écouter chacun à notre tour et ensuite discuter des différentes perspectives ?"

Dans cette exemple, Thomas pose ses limites en expliquant clairement ce qu'il désire et poursuit en faisant une demande liée à ses besoins. Thomas ne spécifie pas ce qui pourrait se produire dans le cas où Sarah ne respecterait pas les limites qu'il pose.

Parfois, surtout si on a déjà exprimé ses émotions et/ou fait des demandes, poser ses limites inclut une description de la conséquence qui va se produire si la personne ne respecte pas les limites qu'on pose. C'est le cas dans les deux exemples suivants.

Scénario #2

Marie discute avec son ami Jean, qui a tendance à partager des détails de la vie de Daniel, l'ex de Marie, avec elle. Ces conversations la mettent mal à l'aise et suscitent chez elle des émotions désagréables. Après avoir exprimé à plusieurs reprises à Jean que cela la dérangeait, mais qu'il continue à en parler, Marie décide de poser ses limites de façon plus claire et ferme. Elle lui dit : "Jean, je tiens à te dire quelque chose qui me pèse depuis un moment. Je comprends que tu sois toujours en contact avec Daniel, mais chaque fois que tu me partages des détails de sa vie, cela ravive des émotions désagréables pour moi et je me sens mal à l'aise. Je t'ai déjà exprimé cela par le passé, mais je remarque que tu continues à en parler. Je veux que tu saches que cela affecte notre amitié. Si tu continues à me parler de Daniel malgré mes demandes, je vais devoir reconsidérer notre relation. Notre amitié est importante pour moi, mais je dois également prendre soin de mon bien-être."

Dans cet exemple, Marie pose ses limites de manière calme mais ferme, en expliquant comment les actions de Jean affectent son bien-être émotionnel. Elle lui demande également de respecter ses limites afin de préserver leur amitié.

Scénario #3

Lia et Jong sont des partenaires romantiques depuis un certain temps, mais récemment, Jong a commencé à annuler régulièrement leurs plans sans préavis, ce qui cause de la frustration et de la déception à Lia.

Après avoir tenté de discuter de la situation avec Jong et lui avoir exprimé à quel point ses annulations constantes sont perturbatrices, Lia décide de communiquer clairement les conséquences si cela persiste.

Lia lui dit : "Jong, nous devons avoir une conversation sérieuse à propos de nos rendez-vous. Ces dernières semaines, tu as annulé à plusieurs reprises nos plans au dernier moment, ce qui me met dans une situation inconfortable et me laisse souvent déçue. Je comprends que parfois des imprévus surviennent, mais cette tendance à annuler régulièrement nos rencontres est devenue un motif de préoccupation pour moi. À l'avenir, si tu continues à annuler nos rendez-vous sans raison valable, je devrai réévaluer notre relation et prendre des décisions pour mon propre bien-être. C'est important pour moi de me sentir respectée et prise en considération dans notre relation, et ces annulations constantes ne répondent pas à mes attentes."

En communiquant les conséquences de son non-respect des limites de Lia, elle laisse à Jong une occasion de comprendre l'impact de son comportement sur leur relation et sur son bien-être émotionnel. Cela permet à Lia de prendre position pour ses propres besoins et de maintenir des frontières saines dans leur relation.

Il y a plusieurs domaines dans lesquels nous pouvons trouver utile de poser nos limites.

Voici quelques exemples de limites que l'on peut poser dans différentes situations :

1. Limites concernant les relations personnelles :

- Ne pas tolérer les comportements abusifs, verbaux ou physiques, dans une relation.

- Refuser de maintenir une relation avec quelqu'un qui manque de respect envers nous ou envers nos valeurs.

2. Limites concernant la communication :

- Exprimer clairement qu'on souhaite ne pas être interrompu lorsqu'on parle.

- Exprimer clairement qu'on ne tolère pas un langage vulgaire ou de se faire crier après.

- Refuser de participer à des conversations qui nous mettent mal à l'aise ou que l'on considère déplacées.

3. Limites concernant le temps et l'énergie :

- Établir des heures spécifiques pour le travail et le repos, et ne pas les dépasser.

- Refuser de prendre en charge des tâches supplémentaires qui dépassent nos capacités ou nos limites de temps.

4. Limites concernant l'espace personnel :

- Refuser les intrusions non sollicitées dans notre espace personnel.

- Exprimer le besoin d'intimité et de temps seul lorsque nécessaire.

5. Limites concernant les finances :

- Refuser de prêter de l'argent à quelqu'un si cela met en péril nos propres finances ou simplement parce que ça nous met mal à l'aise.

- Établir des limites claires dans les relations financières, telles que les dépenses partagées ou les prêts.

6. Limites concernant la santé et le bien-être physique ou mental :

- Refuser de participer à des activités qui compromettent notre santé ou notre bien-être.

- Exprimer nos besoins en matière de repos, de relaxation et d'exercice, et s'y tenir.

7. Limites concernant les valeurs personnelles :

- Refuser de compromettre nos valeurs ou nos convictions pour plaire à quelqu'un d'autre.

- Exprimer nos désaccords de manière respectueuse lorsque nos valeurs sont remises en question.

En établissant et en maintenant ces limites, nous prenons soin de notre propre bien-être et préservons nos relations interpersonnelles de manière saine et équilibrée.

Lorsque poser ses limites ne mène pas aux résultats escomptés, c'est-à-dire que la personne refuse de respecter nos limites, on devrait :

- Expliquer ou réitérer la conséquence
- Appliquer la conséquence décrite.

Voici quelques exemples de conséquences que l'on peut appliquer lorsque quelqu'un refuse de respecter nos limites après les avoir clairement exprimées :

- **Prendre ses distances** : Réduire ou mettre fin à la communication ou à l'interaction avec la personne qui ne respecte pas nos limites.

  Par exemple, Erica a clairement exprimé à son collègue Mario qu'elle ne souhaite pas discuter de sa vie personnelle au travail, car elle préfère maintenir une frontière claire entre sa vie professionnelle et sa vie privée. Malgré cela, Mario continue de poser des questions indiscrètes et de s'immiscer dans des sujets personnels lors des pauses-café au bureau.

Après avoir tenté à plusieurs reprises de rediriger la conversation et de réaffirmer ses limites, Erica constate que Mario persiste dans son comportement. Avant de prendre ses distances, Erica décide de lui expliquer clairement ce qu'elle s'apprête à faire.

Elle lui dit: "Mario, j'ai déjà exprimé à plusieurs reprises que je préfère ne pas discuter de ma vie personnelle au travail. Cependant, je remarque que tu continues à poser des questions personnelles pendant nos pauses-café, ce qui me met mal à l'aise. J'ai pris la décision de prendre mes distances dans nos interactions sociales au bureau afin de protéger mon bien-être émotionnel et de respecter mes propres limites. Je vais me concentrer sur les conversations professionnelles et éviter les discussions personnelles. Je tenais à te le dire clairement pour que tu comprennes ma décision."

En communiquant de manière transparente avec Mario et en lui expliquant ses actions à l'avance, Erica lui donne l'occasion de comprendre ses motivations et ses limites. Cela lui permet également d'établir une frontière de manière assertive tout en maintenant une communication ouverte et respectueuse.

- **Établir des frontières plus strictes** : Mettre en place des règles claires et strictes concernant notre relation avec cette personne, en précisant les comportements que nous n'accepterons pas.

Par exemple, Gina et Walter sont colocataires depuis quelques mois, mais récemment, Walter a commencé à emprunter les choses de Gina sans lui demander, ce qui la met mal à l'aise et crée des tensions entre eux.

Après avoir remarqué que le comportement de Walter persistait malgré ses remarques précédentes, Gina décide de mettre en place des frontières plus strictes dans leur relation de colocation.

Gina : "Walter, je dois te parler de quelque chose qui me dérange. J'ai remarqué que tu utilises souvent mes affaires sans me demander, comme ma nourriture et mes produits de soin. Cela me met vraiment mal à l'aise et je ne suis pas d'accord avec ce comportement. À partir de maintenant, j'aimerais que tu respectes mes biens personnels et que tu me demandes la permission avant de les utiliser. C'est une frontière importante pour moi, et je ne vais pas tolérer ce genre de comportement à l'avenir. Si tu persistes à pendre mes choses sans me le demander, je vais devoir te demander de quitter."

En établissant ces frontières plus strictes, Gina définit clairement les comportements qu'elle n'acceptera pas de la part de Walter. Elle précise les règles concernant l'utilisation de ses affaires personnelles et communique fermement ses attentes et les conséquences de ne pas respecter ses limite. Cela permet à Gina de protéger son espace personnel et de maintenir une relation de colocation respectueuse avec Walter.

- **Demander de l'aide extérieure** : Faire appel à un médiateur, un conseiller ou une autorité pour intervenir dans la situation si nécessaire.

Wendy, responsable du département de marketing dans une entreprise de communication, a demandé à Diane à plusieurs reprises de respecter un délai d'au moins 5 jours avant la remise d'un rapport pour lui soumettre les données dont Wendy a besoin pour préparer le rapport. Pour une troisième fois, Diane ne respecte pas le délai de cinq jours que Wendy a spécifié pour la remise des informations. Malgré ses tentatives antérieures de résoudre le problème seule, Diane reconnaît maintenant qu'elle a besoin d'aide externe pour faire face à la situation.

Wendy dit à Diane : "Diane, tu sais que j'ai besoin des informations au moins cinq jours avant la date limite pour pouvoir finaliser le rapport à temps, mais ça fait trois fois que tu me remets les informations en retard. C'est une source de stress pour moi, mais surtout, ça affecte notre travail en tant que département. Je pense qu'il est temps que nous allions parler à notre patron ensemble. Peut-être qu'il pourra nous aider à trouver une solution pour éviter ces retards à l'avenir. »

L'apport d'une aide extérieure offre une perspective neutre et des conseils qui peuvent aider à résoudre les tensions et les conflits, et à renforcer les relations interpersonnelles. Cette approche est particulièrement utile lorsque les parties n'arrivent pas à trouver un terrain d'entente pour être bien ou pour atteindre leurs objectifs communs.

- **Réévaluer la relation** : Remettre en question la viabilité de la relation si le non-respect des limites devient récurrent et compromet notre bien-être.

Par exemple, Emmanuelle et Zachary sont en couple depuis quelques années, mais récemment, Emmanuelle a remarqué que Zachary ne respecte pas ses limites en matière de temps personnel. Zachary a tendance à envahir l'espace personnel d'Emmanuelle en l'appelant et en lui envoyant des messages à des moments inappropriés, même lorsque Emmanuelle lui a clairement exprimé qu'elle avait besoin de temps pour elle-même.

Après plusieurs discussions infructueuses avec Zachary pour lui faire comprendre l'importance de respecter ses limites, Emmanuelle commence à se sentir de plus en plus frustrée et épuisée par la situation. Elle réalise qu'il est temps de réévaluer la viabilité de leur relation si le non-respect des limites de Zachary persiste.

Emmanuelle lui dit : "Zachary, je dois te parler sérieusement. Ces derniers temps, j'ai remarqué que tu ne respectes pas mes limites en matière de temps personnel. Malgré mes demandes répétées de respecter mon espace et mon temps seule, tu continues à m'appeler et à m'envoyer des messages à des moments où j'ai clairement exprimé que j'avais besoin de temps pour moi. Cette situation commence à avoir un impact négatif sur mon bien-être, et je me sens de plus en plus frustrée et épuisée. Je veux que tu comprennes que le non-respect de mes limites est un problème sérieux pour moi, et si cela persiste, je devrai réévaluer notre relation. Il est important pour moi de me sentir respectée et soutenue dans notre relation, et si nous ne parvenons pas à trouver un équilibre qui me convient, je devrai prendre des décisions pour protéger mon bien-être."

En exprimant ses préoccupations de manière claire et assertive, Emmanuelle montre à Zachary qu'elle prend son bien-être émotionnel au sérieux et qu'elle est prête à réévaluer la viabilité de leur relation si le non-respect des limites persiste. Cela lui permet de poser des frontières saines et de se protéger émotionnellement tout en prenant des décisions qui correspondent à ses besoins et à son bien-être.

- **Se retirer temporairement** : Prendre du recul et se retirer temporairement de la relation ou de la situation pour se protéger et réfléchir à la meilleure façon de gérer la situation.

Par exemple, Jon et Dieudonné sont amis depuis de nombreuses années, mais récemment, Jon a remarqué que Dieudonné ne respecte pas ses limites en matière de respect mutuel. Dieudonné a tendance à se moquer de Jon en public et à lui faire des commentaires désobligeants, même lorsque Jon lui a clairement exprimé qu'il ne se sentait pas à l'aise avec ce type de comportement.

Après plusieurs tentatives infructueuses de discuter de la situation avec Dieudonné et de lui faire comprendre l'importance de respecter ses limites, Jon se rend compte qu'il a besoin de prendre du recul et de se retirer temporairement de la relation pour se protéger et réfléchir à la meilleure façon de gérer la situation.

Jon dit à son ami: "Dieudonné, je dois prendre du recul par rapport à notre amitié pour un certain temps. Ces derniers mois, j'ai remarqué que nos interactions sont devenues de plus en plus difficiles pour moi. Malgré mes demandes répétées de respecter mes limites et de ne pas te moquer de moi en public, tu continues à avoir ce comportement, ce qui me met mal à l'aise et me blesse profondément. Je veux que tu comprennes que je prends cette décision pour protéger mon bien-être et pour réfléchir à la meilleure façon de gérer notre relation. Je tiens toujours à notre amitié, mais j'ai besoin de temps pour moi-même pour réfléchir à la manière dont nous pouvons avancer de manière respectueuse et mutuellement bénéfique. J'espère que tu comprends et que nous pourrons parler de cela plus tard."

En prenant du recul de cette manière, Jon montre à Dieudonné qu'il prend au sérieux son bien-être et qu'il est prêt à prendre les mesures nécessaires pour se protéger. Cela lui permet également de réfléchir à la meilleure façon de gérer la situation et de déterminer les prochaines étapes pour maintenir une relation saine et respectueuse avec Dieudonné ou si, au contraire, pour mettre fin à la relation de manière permanente.

Il est important de choisir des conséquences proportionnées à la situation et de les appliquer de manière cohérente pour maintenir des frontières saines et respectueuses dans nos relations interpersonnelles.

Ann Brosseau

EXERCICE: RÉFLEXION

Prenez le temps de vous remémorer une situation où vous avez calmement posé vos limites au lieu de vous laisser emporter par un sentiment défensif.

- Quelle était la situation ?

_____

_____

_____

- Qu'est-ce qui vous a déclenché ?

_____

_____

_____

- Quelle(s) émotion(s) avez-vous vécue(s) ?

_____

_____

_____

_____

_____

_____

_____

· Comment avez-vous posé vos limites ? *Essayez de vous rappeler exactement ce que vous avez dit pour poser vos limites et écrivez-le.*

_____

_____

_____

_____

_____

_____

_____

_____

· Quelles ont été les conséquences de poser vos limites, à court et plus long terme

_____

_____

_____

_____

_____

_____

_____

_____

- Pourquoi a-t-il été possible pour vous de poser vos limites plutôt que devenir défensif

Prenez le temps de vous remémorer une situation où vous êtes devenu défensif, mais où vous croyez qu'il aurait été préférable de poser vos limites au lieu de vous laisser emporter par un sentiment défensif.

- Quelle était la situation ?

- Qu'est-ce qui vous a déclenché ?

- Quelle(s) émotion(s) avez-vous vécue(s) ?

_____

_____

_____

_____

_____

_____

_____

- Quelles ont été les conséquences d'être défensif et de ne pas poser vos limites?

_____

_____

_____

_____

_____

_____

_____

_____

_____

_____

_____

_____

- Écrivez exactement ce que vous diriez si vous aviez la chance de retourner dans le passé pour poser vos limites.

Choisir son environnement

Lorsqu'on a essayé d'adopter plusieurs mécanismes de protection sans succès ou parce que la situation représente une menace réelle et sérieuse du point de vue psychologique ou physique, on doit parfois avoir recours au mécanisme de protection le plus "extrême", c'est-à-dire celui de "choisir son environnement", qui implique une rupture temporaire ou permanente d'une relation pour créer un environnent plus sain pour son propre bien-être.

Choisir son environnement consiste à prendre activement des mesures pour choisir les personnes, les situations et les environnements avec lesquels on interagit afin de préserver son bien-être et sa santé mentale. Cela implique de se retirer temporairement ou de rompre définitivement des relations qui sont toxiques, nuisibles ou ne répondent pas à nos besoins émotionnels, physiques ou psychologiques.

Des exemples de choisir son environnement peuvent inclure :

- Rompre une amitié ou une relation amoureuse qui est toxique ou abusive, où la confiance est brisée et où il n'y a pas de respect mutuel.

- Quitter un environnement de travail où le harcèlement, la discrimination ou l'exploitation sont présents, et chercher un emploi dans un cadre plus sain et respectueux.

- Éviter les interactions avec des membres de la famille ou des amis qui ont des comportements toxiques ou destructeurs, et se concentrer sur des relations plus positives et enrichissantes.

- Déménager dans un nouvel endroit pour échapper à un environnement qui ne favorise pas le bien-être, comme un quartier dangereux ou un lieu où l'on se sent isolé et malheureux.

- Se désengager des médias sociaux ou des groupes en ligne qui propagent des discours haineux ou des comportements nuisibles, et rechercher des communautés en ligne plus positives et bienveillantes.

Choisir son environnement peut être une décision difficile, mais c'est souvent nécessaire pour préserver sa santé mentale, sa confiance en soi et son bonheur à long terme. Cela permet de se concentrer sur les relations et les situations qui nourrissent et soutiennent notre croissance personnelle et notre épanouissement, tout en évitant celles qui nous causent du tort ou nous mettent en danger.

Souvent, choisir son environnement peut être moins extrême ou urgent, mais quand même important pour préserver son bien-être émotionnel et mental, par exemple :

- Mettre fin à une amitié où les intérêts et les valeurs ont divergé, et chercher des relations qui correspondent mieux à nos passions et à nos aspirations.

- Réduire le temps passé avec des amis ou des membres de la famille qui sont négatifs ou pessimistes, et passer plus de temps avec des personnes qui sont encourageantes et inspirantes.

- Réduire le temps passé avec un partenaire ou un ami qui demande trop de temps ou d'énergie, et investir dans des relations qui sont plus équilibrées et respectueuses.

- Se désengager d'activités ou de groupes sociaux qui ne sont plus enrichissants ou gratifiants, et rechercher de nouvelles opportunités qui correspondent mieux à nos intérêts et à notre développement personnel.

- Quitter un emploi ou un lieu de travail qui ne répond pas à nos besoins ou exigent des ressources dont nous ne disposons pas.

- Modifier son emploi du temps pour inclure plus d'activités et de loisirs qui procurent du plaisir et du bien-être, et éliminer celles qui nous causent du stress ou de l'ennui.

Dans ces exemples, il n'y a pas nécessairement de toxicité ou de comportement abusif dans l'environnement, mais il peut y avoir un manque de compatibilité ou une inadéquation entre nos besoins personnels et ce que la relation ou l'activité a à nous offrir. Choisir son environnement dans ces cas peut aider à cultiver des relations plus enrichissantes et à créer un mode de vie qui favorise le bien-être et l'épanouissement personnel.

Il est essentiel de faire attention à ne pas confondre le choix de son environnement avec la fuite, qui est en fait un mécanisme de défense. La principale différence entre les deux réside dans l'intention et les conséquences de nos actions.

Choisir son environnement implique une décision consciente et réfléchie basée sur la reconnaissance de nos émotions, de nos besoins, de nos valeurs et de ce qui est bénéfique pour notre bien-être. Cela se fait souvent après avoir évalué soigneusement les relations, les situations ou les environnements et avoir pris des mesures pour préserver notre santé émotionnelle et mentale. L'objectif est de créer un environnement qui favorise notre bien-être et notre épanouissement.

En revanche, la fuite est généralement motivée par la peur, l'anxiété ou le désir d'éviter des situations inconfortables ou stressantes sans réellement résoudre les problèmes sous-jacents. Cela peut conduire à éviter les confrontations, à ignorer les problèmes ou à quitter précipitamment des situations sans chercher à les résoudre de manière constructive. La fuite peut également entraîner une répétition de schémas comportementaux malsains ou la perpétuation de problèmes non résolus. Elle se fait souvent de manière impulsive et irréfléchie.

Pour reconnaître la différence entre choisir son environnement et la fuite, il est important de prendre du recul et d'examiner nos motivations et nos intentions. Nous pouvons nous poser des questions telles que :

· Est-ce que je prends cette décision pour protéger mon bien-être et cultiver des relations saines, ou est-ce que je cherche simplement à éviter un conflit ou une confrontation ?

· Est-ce que je prends des mesures pour résoudre les problèmes sous-jacents ou est-ce que je les ignore simplement en espérant qu'ils disparaîtront ?

Une autre différence significative entre la fuite comme mécanisme de défense et le choix d'environnement comme mécanisme de protection peut être discernée à travers les conséquences qui en découlent. Voici des exemples qui illustrent ces deux mécanismes avec leurs conséquences distinctes:

Scénario #1

Jacob ne se sent pas à sa place dans l'équipe. Il n'aime pas la façon dont ses coéquipiers lui parlent. Il les trouve impolis et soupçonne qu'ils parlent contre lui à son patron, qui semble également froid et distant avec lui. Un jour, il voit Lucas le regarder d'une certaine manière et pense : "Je ne mérite pas d'être traité de cette façon". Ce soir-là, il écrit un e-mail de démission qu'il envoie à son patron et ne prend pas la peine de retourner au travail.

Quelques temps plus tard, Jacob se retrouve dans une équipe différente et se dit : "Ah, on doit m'avoir jeté un mauvais sort à la naissance! Je ne sais pas dans quelle marmite je suis tombé, mais je me retrouve toujours dans des équipes composées de personnes malveillantes et mesquines."

Scénario #2

Nico ne se sent pas à sa place dans l'équipe. Il a du mal à s'adapter à la culture, qu'il trouve abrasive et rude car ses collègues semblent apprécier se faire des blagues et se taquiner mutuellement. Ils utilisent également un langage que Nico trouve offensant. Il a parlé à son patron de ce qu'il ressentait. Le patron a eu une discussion avec l'équipe pour les encourager à être plus civils les uns envers les autres et à éviter d'utiliser les "sacres" et les jurons. Le patron a également suggéré à Nico que s'il n'était pas visé par les blagues et les plaisanteries, il devrait les ignorer, mais que s'il se sentait personnellement offensé, alors il devrait dire aux autres d'arrêter et/ou venir lui en parler.

Les coéquipiers de Nico font attention de ne pas le taquiner ou de lui faire des blagues, mais ironiquement, cela le fait se sentir moins inclus dans l'équipe. Après des mois et beaucoup de réflexion, il conclut que la culture de l'équipe ne lui convient tout simplement pas. Après avoir soigneusement cherché un emploi dans un autre type d'organisation, il trouve finalement le même type d'emploi dans un environnement de travail totalement différent, où les gens sont plus calmes, polis et réservés. Il se sent plus à l'aise dans cet environnement et développe un sentiment d'appartenance qu'il n'avait pas auparavant.

En résumé, choisir son environnement est un acte délibéré et réfléchi qui vise à promouvoir notre bien-être et qui mène ultimement à la satisfaction de nos besoins. Tandis que la fuite, souvent motivée par la peur, est un mécanisme de défense impulsif qui entraîne l'évitement des problèmes plutôt que leur résolution, ainsi que l'insatisfaction des besoins.

Le choix d'environnement comme mécanisme de protection se distingue des autres mécanismes de protection par sa nature proactive et planifiée, ce qui le rend peu susceptible d'être utilisé dans le feu de l'action au cours d'une interaction.

Contrairement à d'autres mécanismes de protection qui peuvent être utilisés pour répondre à une situation dans l'immédiat, le choix d'environnement implique une prise de décision réfléchie et délibéré concernant les environnements dans lesquels nous choisissons de vivre, travailler ou interagir.

Ce mécanisme de protection implique souvent des actions telles que rechercher des environnements sûrs et positifs, éviter les situations toxiques ou stressantes, ou même prendre des mesures concrètes telles que déménager dans un nouvel endroit ou changer de travail pour éliminer les sources de stress ou de menace pour notre bien-être. Ces décisions ne sont généralement pas prises de manière impulsive ou spontanée, mais plutôt après une réflexion approfondie et une évaluation des risques et des avantages.

À quelques exceptions après, le choix d'environnement comme mécanisme de protection nécessite du temps pour être mis en œuvre efficacement. Il peut impliquer des changements de vie significatifs qui nécessitent une planification minutieuse, des ressources financières et un soutien social. Par conséquent, il est rarement utilisé au milieu d'une interaction immédiate, mais plutôt comme une stratégie à long terme pour favoriser notre bien-être et notre sécurité.

Voici quelques exemples situations exceptionnelles où le choix d'environnement comme mécanisme de protection peut être utilisé de manière plus rapide et dans le feu de l'action :

- Menace immédiate pour la sécurité : Si une personne se trouve dans un environnement où sa sécurité est menacée, comme lorsqu'elle remarque la présence d'une personne armée ou violente dans un lieu public, elle peut décider instantanément de quitter cet environnement pour se mettre à l'abri.

- Danger physique imminent : Dans des situations où il y a un danger physique imminent, comme un incendie, une explosion imminente ou une catastrophe naturelle, la décision de quitter rapidement l'environnement pour se mettre en sécurité peut être prise instinctivement.

- Risque de contamination ou de propagation de maladies : Dans le contexte d'une pandémie ou d'une épidémie où il y a un risque de contagion rapide, une personne peut décider de quitter un environnement où il y a une exposition élevée au virus ou aux agents pathogènes, même si cela implique une action rapide et spontanée.

Dans ces situations, le choix d'environnement comme mécanisme de protection est motivé par la nécessité immédiate de préserver sa sécurité et son bien-être. Bien que cela puisse être une réaction immédiate, il est important de noter que cette décision est toujours prise dans le but de garantir la sécurité et la survie de la personne et de ceux qui l'entourent.

Sans aller à ces extrêmes, il y a parfois des situations où on peut se sentir menacé et avoir recours au choix d'environnement.

Remarquez que le changement d'environnement peut être temporaire ou permanent.

EXERCICE: RÉFLEXION

Prenez le temps de vous remémorer une situation où vous avez eu recours au choix d'environnement au lieu de vous laisser emporter par un sentiment défensif.

· Quelle était la situation ?

_____

_____

_____

_____

· Qu'est-ce qui vous a déclenché ?

_____

_____

_____

Ann Brosseau

_____

_____

_____

_____

- Quelle(s) émotion(s) avez-vous vécue(s) ?

_____

_____

_____

_____

_____

_____

_____

- Dans le cas d'une rupture de relation (personnelle ou professionnelle), avez-vous annoncé à une personne impliquée votre choix d'environnement ? *Essayez de vous rappeler exactement ce que vous avez dit et notez-le.*

_____

_____

_____

_____

200

- Quelles ont été les conséquences de ce choix d'environnement ?

Ann Brosseau

- Comment savez-vous que votre choix d'environnement a été une façon de vous protéger plutôt qu'un mécanisme de défense ?

_____
_____
_____
_____
_____
_____
_____
_____
_____

Prenez le temps de vous remémorer une situation où vous avez eu recours à un mécanisme de défense, mais où vous croyez qu'il aurait été préférable de faire un choix d'environnement.

- Quelle était la situation ?

_____
_____
_____
_____

202

- Qu'est-ce qui vous a déclenché ?

_____
_____
_____
_____
_____
_____
_____
_____

- Quelle(s) émotion(s) avez-vous vécue(s) ?

_____
_____
_____
_____
_____
_____
_____
_____
_____
_____
_____

- Quel a été votre mécanisme de défense ?

_____

_____

_____

_____

_____

_____

_____

_____

- Quelles ont été les conséquences d'être défensif ?

_____

_____

_____

_____

_____

_____

_____

_____

_____

_____

_____

- Que feriez-vous pour choisir votre environnement si vous aviez la chance de retourner dans le passé ?

Le processus de gestion des émotions et le choix de mécanisme de protection dans le contexte de mécanismes de défense centrés sur soi est différent du processus de gestion des émotions qui implique les mécanismes de défense centrés sur soi, puisque ces derniers surgissent pendant une interaction alors que les premiers se manifestent sur une plus longue période, parfois de manière répétitive.

Les mécanismes de protection sont les mêmes, mais on y aura recours après avoir réalisé qu'on a agi de manière défensive. On ne peut donc pas les utiliser comme mesures préventives, mais seulement comme mesures réparatives[6].

---

[6] Tous les mécanismes de protection peuvent être utilisés comme mesures réparatives, peu importe le type de mécanisme de défense auquel on a eu recours.

Les mêmes conditions préalables s'appliquent:

- la prise de conscience
- l'acceptation de l'émotion et responsabilisation.

Cependant, la prise de conscience est parfois plus lente. Si on refoule des émotions et même des souvenirs traumatisants, la prise de conscience pourrait être impossible ou très ardue. Parfois, on peut soupçonner qu'on refoule des émotions ou qu'on est dans le déni par rapport à un événement, parce qu'on ne ressent rien ou presque rien alors qu'on sait pertinemment qu'on devrait ressentir quelque chose. Paradoxalement, l'absence d'émotion peut être une indication d'émotions refoulées.

Comme on l'a indiqué plus tôt, l'observation de nos comportements peut nous fournir des indices quant à notre emploi inconscient de mécanismes de défense centrés sur soi: activités ou consommation excessive, tendance à rationaliser, à se comparer, etc.

En guise d'aide-mémoire, lorsque vous désirez analyser une situation pertinente pour y voir plus clair, nous vous proposons à la page suivante un schéma récapitulatif du processus des gestion des émotions, peu importe le moment de la prise de conscience ou le type de mécanisme de défense.

PROCESSUS DE GESTION DES ÉMOTIONS POUR VAINCRE LES COMPORTEMENTS DÉFENSIFS

1

PRENDRE CONSCIENCE

Réaliser qu'on est défensif : avant, pendant ou après avoir agi.

2

ACCUEILLIR L'ÉMOTION

Accepter l'émotion en lâchant prise et s'en responsabiliser.

3

IDENTIFIER LE BESOIN OU L'OBJECTIF

Se demander ce qu'on souhaite obtenir comme résultat dans l'interaction ou la relation.

4

CHOISIR UN MÉCANISME DE PROTECTION

Expression de l'émotion, demande, clarification, poser ses limites ou choix d'environnement ?

5

PASSER À L'ACTION

Adopter le comportement non-défensif associé au mécanisme de protection choisi.

Ann Brosseau

5. GÉRER LES ÉMOTIONS CONTRADICTOIRES

Bien que les émotions contradictoires constituent une partie normale de l'expérience humaine, elles peuvent poser problème lorsqu'elles ne sont pas gérées de manière appropriée et qu'elles interfèrent avec le fonctionnement quotidien, les relations interpersonnelles et le bien-être émotionnel.

Les effets de la présence d'émotions contradictoires peuvent être variés et significatifs. Lorsque nous ressentons des émotions contradictoires, il peut être difficile de savoir comment réagir ou quelle décision prendre. Par exemple, si nous ressentons à la fois de l'excitation et de l'anxiété à l'idée d'entreprendre un nouveau projet, nous pourrions être indécis quant à la manière de procéder.

Les émotions contradictoires peuvent générer une tension interne, car notre esprit et notre corps sont en conflit sur la manière de réagir à une situation donnée. Cette tension peut être source de stress et d'inconfort émotionnel.

Si nos émotions contradictoires influencent nos interactions avec les autres, cela peut entraîner des conflits relationnels. Par exemple, si nous exprimons verbalement une émotion envers un partenaire, alors qu'une autre émotion s'exprime de manière nonverbale, cela peut créer de la confusion, de la méfiance ou des tensions dans la relation.

La présence d'émotions contradictoires peut être source de détresse émotionnelle, car elle peut nous donner l'impression d'être pris au piège ou dépassés par nos propres sentiments. Cela peut affecter notre bien-être émotionnel général et notre capacité à fonctionner efficacement dans la vie quotidienne.

Ressenties sur une longue période, les émotions contradictoires peuvent créer de l'accoutumance émotionnelle et amener une personne à s'habituer au stress qu'elles causent, avec des conséquences potentiellement désastreuses pour notre bien-être.

Il est important de reconnaître la présence d'émotions contradictoires et d'adopter des mesures pour les gérer de manière constructive, pour en éviter les effets néfastes.

5.1 COMMENT RECONNAÎTRE LA PRÉSENCE D'ÉMOTIONS CONTRADICTOIRES EN MOI ?

Reconnaître la présence d'émotions contradictoires en soi peut être le premier pas vers une gestion constructive de celles-ci. Voici quelques signes qui peuvent indiquer que vous ressentez des émotions contradictoires :

1. Incohérence émotionnelle : Vous pouvez ressentir des émotions opposées ou divergentes en réponse à

une même situation ou un même événement. Par exemple, vous pourriez vous sentir à la fois heureux et triste à l'idée d'un changement imminent dans votre vie.

2. Conflit interne : Vous remarquez un conflit intérieur entre ce que vous ressentez et ce que vous pensez que vous devriez ressentir. Par exemple, vous pourriez ressentir de la colère envers quelqu'un que vous aimez, mais vous vous sentez coupable de ressentir cette émotion parce que vous croyez que vous n'avez pas raison de vous sentir en colère contre cette personne.

3. Indécision persistante : Vous avez du mal à prendre des décisions claires ou à agir de manière cohérente en raison de sentiments contradictoires. Par exemple, vous pourriez hésiter à accepter ou refuser une opportunité professionnelle en raison d'un mélange d'excitation et d'anxiété.

4. Stress ou tension accrue : La présence d'émotions contradictoires peut entraîner une tension interne et un niveau accru de stress. Vous pourriez vous sentir tendu, agité ou même physiquement mal à l'aise.

5. Confusion émotionnelle : Vous vous sentez confus ou dérouté quant à ce que vous ressentez réellement dans une situation donnée. Par exemple, vous pourriez avoir du mal à identifier si vous êtes en colère, triste ou frustré.

6. Inconfort relationnel : Vous remarquez que vos émotions contradictoires ont un impact sur vos

relations interpersonnelles, en provoquant des malentendus, des conflits ou des tensions avec les autres.

7. Réactions disproportionnées : Vous réagissez de manière disproportionnée à des situations mineures ou anodines en raison du conflit émotionnel interne. Par exemple, vous pourriez réagir de manière excessive à une remarque innocente en raison d'une accumulation de sentiments contradictoires.

En étant attentif à ces signaux et en reconnaissant la présence d'émotions contradictoires, vous pouvez commencer à élaborer des stratégies pour les gérer de manière constructive et améliorer votre bien-être émotionnel.

EXERCICE: ÉTUDE DE CAS

Pour chaque scénario présenté ci-bas, identifiez le(s) signe(s) de présence d'émotions contradictoires. Puis, réfléchissez les risques de ces émotions contradictoires pour la personne.

Le cas de Léa

Léa, une artiste de 58 ans, se retrouve souvent dans un état d'esprit confus et déroutant. Récemment, elle a été sélectionnée pour une exposition solo dans une galerie prestigieuse de sa ville. Bien qu'elle ressente une vague d'excitation à cette nouvelle opportunité pour sa carrière, elle se surprend également à ressentir une pointe d'anxiété persistante. Chaque fois qu'elle pense à l'exposition, son esprit est rempli d'idées créatives et d'anticipation, mais en même temps, elle ressent un poids sur ses épaules, un doute insidieux quant à sa capacité de répondre aux attentes élevées de la galerie et du public.

En préparant ses œuvres pour l'exposition, Léa se rend compte qu'elle hésite constamment entre différentes approches artistiques. Elle se trouve parfois incapable de décider quelle direction prendre pour exprimer pleinement sa vision artistique. Cette indécision persistante commence à peser sur son processus créatif, l'empêchant d'avancer efficacement dans son travail.

De plus, Léa remarque un niveau de tension accru dans ses interactions avec ses proches. Alors qu'elle essaye de partager son excitation pour l'exposition avec sa famille et ses amis, elle se sent parfois frustrée par leur manque de compréhension de l'importance de cet événement pour elle.

Un jour, son fils Lucas lui dit : "Maman, je suis tellement fier de toi pour cette exposition. Tu vas éblouir tout le monde avec ton talent."

Léa lui répond: "Mon talent!   Sais-tu quels niveaux d'artistes ont exposé ici?   Tu n'as aucune idée de la pression que je ressens en ce moment ou de ce qu'un échec pourrait avoir comme répercussions pour moi !"

Dans l'ensemble, malgré sa réussite professionnelle et les opportunités qui se présentent à elle, Léa se retrouve confrontée à un conflit émotionnel interne qui a un impact significatif sur sa confiance en elle et ses relations personnelles.

Quels sont les signes de la présence d'émotions contradictoires dans ce cas?

_____

_____

_____

_____

_____

_____

Selon vous, quels sont les risques pour Léa, si elle ne gère pas bien les émotions contradictoires en elle?

_____

_____

_____

_____

_____

_____

Le cas d'Audrey-Ann

Audrey-Ann est une jeune femme de 28 ans, très proche de son amie Zoé depuis l'enfance. Elles ont partagé de nombreux moments importants et se considèrent comme des sœurs. Récemment, Zoé a annoncé son mariage avec Nathan, un homme qu'elle fréquente depuis deux ans. Audrey-Ann ressent des émotions contradictoires face à cette nouvelle. Audrey-Ann ressent une véritable joie en voyant Zoé heureuse et excitée par son mariage. Cependant, cette joie est mêlée d'inquiétude et de frustration, car elle pense que Nathan n'est pas une bonne personne pour Zoé, qu'il est trop imbu de lui-même et ne se rend pas utile dans leur relation et leur vie à deux. Cette dualité crée en Audrey-Ann un conflit entre son amour et son soutien pour son amie, et son inquiétude par rapport au choix de son partenaire.

Elle hésite à parler à Zoé de ses inquiétudes, ne sachant pas si elle doit exprimer ses doutes ou simplement soutenir son amie. Chaque fois que le sujet du mariage est abordé, Audrey-Ann se sent tendue et anxieuse.

Ces sentiments contrastés la plongent dans une confusion où elle se sent perdue entre les émotions positives liées à l'événement heureux et les sentiments négatifs concernant Nathan. Cela affecte ses interactions avec Zoé, rendant leurs échanges parfois tendus. Pour éviter de laisser transparaître ses véritables sentiments, elle commence à éviter Zoé.

Enfin, Audrey-Ann réagit parfois de manière excessive à des commentaires innocents sur le mariage, ce qui surprend ses autres amis et Zoé elle-même.

Quels sont les signes de la présence d'émotions contradictoires dans ce cas?

Selon vous, quels sont les risques pour Audrey-Ann, si elle ne gère pas bien les émotions contradictoires en elle?

Le cas d'Émile

Émile, un homme de 44 ans, se trouve souvent déchiré entre ses émotions par rapport à sa vie de famille. D'un côté, il ressent un profond amour et une grande affection pour sa femme et ses enfants. Chaque fois qu'il est avec eux, il est rempli de bonheur et de gratitude pour la vie qu'ils partagent ensemble. Cependant, de l'autre côté, il ressent parfois une frustration grandissante face à la routine et aux défis qui accompagnent la vie de famille. Il se sent pris au piège entre son désir d'indépendance et son engagement envers sa famille.

Au fil du temps, cette tension interne commence à se manifester dans ses interactions avec sa femme. Bien qu'il veuille être un partenaire aimant et attentionné, il se surprend parfois à être distrait et distant. Il se sent coupable de ne pas être présent pleinement dans la relation, mais en même temps, il se sent étouffé par les attentes et les responsabilités qui pèsent sur lui en tant que mari et père.

Cette ambivalence émotionnelle commence également à affecter sa perception de lui-même en tant qu'homme et en tant que membre de sa famille. Il se demande s'il est vraiment heureux dans sa vie actuelle ou s'il devrait chercher quelque chose de différent. Il se sent coincé entre la peur de l'inconnu et le désir d'explorer de nouvelles possibilités pour son épanouissement personnel.

Dans l'ensemble, même s'il aime profondément sa famille, Émile se retrouve aux prises avec des émotions contradictoires qui menacent l'harmonie de sa relation conjugale et son bien-être émotionnel.

Quels sont les signes de la présence d'émotions contradictoires dans le cas d'Émile?

_____

_____

_____

_____

_____

_____

Selon vous, quels sont les risques pour Émile, s'il ne gère pas bien les émotions contradictoires en lui?

_____

_____

_____

_____

_____

_____

ÉTUDE DE CAS: ÉLÉMENTS DE RÉPONSES

Voici quelques éléments de réponses pour l'exercice précédent d'étude de cas. Notez qu'il est possible que vous ayez trouvé des réponses additionnelles ou différentes qui soient aussi pertinentes.

Le cas de Léa

Dans le cas de Léa, trois signes de la présence d'émotions contradictoires sont décrits:

1. Incohérence émotionnelle : Léa ressent à la fois de l'excitation et de l'anxiété à l'idée de son exposition, montrant ainsi des émotions opposées ou divergentes face à cette opportunité professionnelle.

2. Indécision persistante : Léa éprouve des difficultés à prendre des décisions claires concernant les approches artistiques à adopter pour son exposition, ce qui témoigne d'une indécision persistante due à ses émotions contradictoires.

3. Réaction disproportionnée : Léa réagit immédiatement de manière défensive aux encouragements de son fils, illustrant ainsi une réaction disproportionnée à ses commentaires bien intentionnés, ce qui suggère un conflit émotionnel interne.

Si Léa ne parvient pas à gérer efficacement ses émotions contradictoires, les risques suivants pourraient en découler :

- Impact sur la santé mentale : La tension émotionnelle et le stress résultant de l'incapacité à gérer ses émotions contradictoires pourraient avoir un impact négatif sur la santé mentale de Léa. Elle pourrait éprouver de l'anxiété, de la dépression ou d'autres problèmes de santé mentale.

- Difficultés relationnelles : Les émotions contradictoires de Léa pourraient influencer négativement ses interactions avec ses proches. Si elle réagit de manière excessive ou défensive, cela pourrait entraîner des conflits relationnels et une diminution du soutien social.

- Baisse de la performance professionnelle : Si Léa n'est pas en mesure de gérer ses émotions contradictoires, cela pourrait affecter sa capacité à se concentrer, à prendre des décisions et à être créative dans son travail artistique. Cela pourrait entraîner une baisse de sa performance professionnelle et compromettre la réussite de l'exposition.

- Impact sur la confiance en soi : L'incapacité à gérer efficacement ses émotions contradictoires pourrait éroder la confiance en soi de Léa. Si elle se sent constamment dépassée par ses propres sentiments ou si elle ne parvient pas à exprimer son potentiel créatif, elle pourrait commencer à douter de ses compétences et de sa valeur en tant qu'artiste.

Le cas d'Audrey-Ann

Dans le cas de Audrey-Ann, plusieurs signes de la présence d'émotions contradictoires sont décrits:

1. Incohérence émotionnelle : Audrey-Ann ressent à la fois de la joie pour le bonheur de Zoé et de l'inquiétude et de la frustration concernant Nathan. Cette coexistence d'émotions opposées montre clairement l'incohérence émotionnelle.

2. Conflit interne : Elle éprouve un conflit entre son amour et son soutien pour Zoé, et ses doutes sur Nathan. Ce conflit interne est une indication claire des émotions contradictoires qu'elle ressent.

3. Indécision persistante : Audrey-Ann hésite à parler de ses inquiétudes à Zoé. Son incapacité à décider si elle doit exprimer ses doutes ou simplement soutenir son amie illustre son indécision persistante.

4. Stress ou tension accrue : Chaque fois que le sujet du mariage est abordé, elle se sent tendue et anxieuse,

ce qui indique un niveau accru de stress dû à ses émotions contradictoires.

5. Inconfort relationnel : Ses interactions avec Zoé deviennent tendues et elle commence à éviter son amie pour ne pas révéler ses véritables sentiments, montrant un inconfort relationnel.

6. Réactions disproportionnées : Audrey-Ann réagit de manière excessive à des commentaires innocents sur le mariage, surprenant ses autres amis et Zoé, ce qui démontre des réactions disproportionnées.

Si Audrey-Ann ne parvient pas à gérer efficacement ses émotions contradictoires, plusieurs risques pourraient survenir :

- Détérioration des relations : Les émotions contradictoires non gérées peuvent affecter négativement ses relations avec Zoé et d'autres amis. Les malentendus et les tensions peuvent s'intensifier, entraînant des conflits relationnels et une possible rupture de la relation avec Zoé.

- Diminution du bien-être émotionnel : Audrey-Ann pourrait éprouver une détresse émotionnelle continue, se sentant piégée et dépassée par ses propres sentiments. Cela peut affecter son bien-être émotionnel général et sa capacité à fonctionner efficacement dans sa vie quotidienne, surtout si elle perd une amitié précieuse qui a longtemps compté dans sa vie.

Le cas d'Émile

Dans le cas d'Émile, trois signes de la présence d'émotions contradictoires sont décrits:

1. Incohérence émotionnelle : Il ressent à la fois de l'amour et de l'affection profonde pour sa famille, mais également de la frustration face à la routine et aux défis de la vie de famille.

2. Inconfort relationnel : Malgré son désir d'être un partenaire aimant et attentionné, il a tendance à être distrait et distant dans ses interactions avec sa femme, ce qui indique un inconfort relationnel.

3. Confusion émotionnelle : Émile se questionne sur son bonheur dans sa vie actuelle et sur la nécessité d'explorer de nouvelles possibilités, illustrant ainsi une confusion émotionnelle quant à ses désirs et ses engagements.

Si Émile ne parvient pas à gérer efficacement ses émotions contradictoires, plusieurs risques pourraient se présenter :

· Problèmes conjugaux : Son incapacité à gérer ses émotions contradictoires pourrait entraîner des tensions et des conflits dans sa relation conjugale. Si Émile ne parvient pas à communiquer ou à résoudre ses sentiments de frustration et de désir d'indépendance, cela pourrait mettre en péril la stabilité de son mariage.

- Impact sur le bien-être familial : Les émotions contradictoires d'Émile pourraient également avoir un impact sur le bien-être émotionnel de sa famille. Des conflits non résolus ou une distance émotionnelle entre Émile et sa famille pourraient affecter négativement le climat familial et le bien-être de ses proches.

- Crise d'identité : Si Émile ne parvient pas à résoudre ses émotions contradictoires quant à son bonheur personnel et ses engagements familiaux, il pourrait faire face à une crise d'identité. Il pourrait se sentir perdu ou déconnecté de lui-même et de ses valeurs, ce qui pourrait affecter sa confiance en lui et sa capacité à prendre des décisions éclairées.

- Isolement social : Émile pourrait se retrouver isolé émotionnellement s'il ne parvient pas à exprimer ses émotions et à rechercher un soutien adéquat. S'il se replie sur lui-même ou s'il évite de partager ses sentiments avec sa conjointe ou même une ressources professionnelle, il risque de se sentir seul et incompris.

- Impact sur la santé mentale : Le stress émotionnel prolongé résultant de la lutte avec des émotions contradictoires pourrait avoir des conséquences néfastes sur la santé mentale d'Émile. Il pourrait développer des symptômes d'anxiété, de dépression ou d'autres troubles émotionnels s'il ne trouve pas des moyens sains de faire face à ses émotions.

5.2 QUE FAIRE AVEC MES ÉMOTIONS CONTRADICTOIRES ?

Si vous reconnaissez la présence d'émotions contradictoires en vous ou êtes confus par rapport à vos émotions, voici quelques étapes[7] que vous pouvez suivre pour les gérer de manière constructive :

1. Pratiquez la pleine conscience

Prenez le temps de vous connecter avec vos émotions et vos pensées en pratiquant la pleine conscience. Prenez quelques instants pour vous asseoir tranquillement et observer vos pensées et vos sentiments sans jugement. Cela peut vous aider à mieux comprendre vos émotions contradictoires et à développer une plus grande clarté mentale.

2. Identifiez et nommez vos émotions

Prenez conscience des émotions contradictoires que vous ressentez et essayez de les identifier aussi précisément que possible. Nommer vos émotions peut vous aider à mieux les comprendre et à trouver des moyens appropriés de les gérer.

3. Pratiquez l'auto-compassion

Soyez bienveillant avec vous-même lorsque vous traversez des périodes d'émotions contradictoires. N'oubliez pas que c'est normal de ressentir toute une

---

[7] Notez que les étapes 3 à 6 peuvent s'effectuer dans un ordre différent, selon les préférences et les circonstances.

gamme d'émotions et que l'on ne choisit pas ses émotions. Acceptez-vous là où vous êtes et traitez-vous avec gentillesse et compassion, comme vous le feriez pour un ami qui traverse une période difficile.

4. Acceptez les limites de votre influence et lâchez prise

Reconnaissez que vous ne pouvez pas contrôler les actions ou les décisions des autres, même lorsqu'elles suscitent des émotions contradictoires en vous. Accepter les limites de votre influence vous permet de lâcher prise sur les aspects de la situation qui ne relèvent pas de vous. Cette acceptation peut alléger la charge émotionnelle et réduire le stress, vous permettant de concentrer votre énergie sur ce que vous pouvez réellement changer ou contrôler.

5. Trouvez un équilibre

Cherchez un équilibre entre la reconnaissance de vos émotions contradictoires et la prise de décision rationnelle. Essayez de ne pas laisser vos émotions dominer vos actions, mais ne les ignorez pas non plus. Prenez le temps de réfléchir de manière rationnelle à vos options et à leurs conséquences, tout en tenant compte de vos émotions.

6. Exprimez vos émotions

Trouvez des moyens sains et constructifs d'exprimer vos émotions contradictoires. Cela peut inclure parler à la personne dont le comportement déclenche des émotions contradictoires, partager ce que vous vivez à un ami de confiance, les décrire dans un journal, ou même exprimer vos émotions à voix haute lorsque vous êtes seul. L'expression de vos émotions peut vous aider à les libérer et à trouver un soulagement émotionnel.

En pratiquant ces techniques (et en cherchant éventuellement le soutien d'un professionnel de la santé mentale si nécessaire), vous pouvez apprendre à mieux gérer vos émotions contradictoires et à cultiver un bien-être émotionnel plus profond.

Voyons comment ces étapes pourraient être mises en oeuvre pour les cas vus précédemment.

Le cas de Léa

1. Pratiquer la pleine conscience : Léa pourrait commencer par intégrer la pleine conscience dans sa routine quotidienne. Elle pourrait prendre quelques minutes chaque jour pour s'asseoir tranquillement, respirer profondément et observer ses pensées et ses émotions. Cela l'aiderait à mieux comprendre ses sentiments contradictoires et à cultiver une plus grande clarté mentale.

2. Identifier et nommer ses émotions : Léa pourrait identifier précisément les émotions contradictoires qu'elle ressent. Plutôt que de les laisser bouillonner en elle de manière indistincte, elle pourrait les nommer, comme l'excitation pour son exposition et l'anxiété face aux attentes élevées. Cela lui permettrait de

mieux les comprendre et de commencer à les gérer de manière plus efficace.

3. Pratiquer l'auto-compassion : Léa pourrait cultiver l'auto-compassion envers elle-même. Plutôt que de se critiquer pour ressentir des émotions contradictoires, elle pourrait se rappeler que c'est une expérience humaine normale et qu'elle mérite d'être aimée et acceptée, même avec ses imperfections. En pratiquant l'auto-compassion, Léa pourrait cultiver un bien-être émotionnel plus profond et une plus grande résilience face aux défis de la vie.

4. Accepter les limites de son influence et lâcher prise : Léa devrait reconnaître qu'elle ne peut pas contrôler toutes les attentes ou réactions des autres, y compris celles de son fils ou du public lors de son exposition. En acceptant cette réalité, elle peut se libérer du poids de vouloir tout contrôler. Elle peut se concentrer sur ce qu'elle peut influencer, comme sa préparation et son attitude, et accepter que les résultats finaux sont en partie hors de son contrôle. En lâchant prise sur ce qui est au-delà de son pouvoir, Léa peut trouver un soulagement émotionnel et se concentrer sur ce qui est constructif et réalisable pour elle.

5. Trouver un équilibre : Léa pourrait travailler à trouver un équilibre entre la reconnaissance de ses émotions et la prise de décisions rationnelles. Plutôt que de laisser l'excitation ou l'anxiété dicter ses actions, elle pourrait prendre le temps de réfléchir de manière rationnelle à ses choix et à leurs conséquences. Cela lui

permettrait de prendre des décisions éclairées tout en tenant compte de ses sentiments.

6. Exprimer ses émotions : Lorsque Lucas exprime son soutien et sa fierté pour son exposition, Léa pourrait choisir de partager ses émotions contradictoires avec lui de manière constructive. Elle pourrait lui dire: "Merci, Lucas, tes encouragements signifient beaucoup pour moi. En même temps, je ressens aussi beaucoup de pression et d'anxiété à l'idée de cette exposition. C'est un mélange de sentiments intenses." En partageant ses émotions avec Lucas, Léa ouvrirait la voie à une communication plus profonde et au soutien de son fils.

Le cas d'Audrey-Ann

1. Pratiquer la pleine conscience : Audrey-Ann pourrait prendre quelques instants pour se détendre, respirer profondément et observer ses pensées et ses émotions sans jugement. Cela l'aiderait à mieux comprendre ses sentiments contradictoires et à cultiver une plus grande clarté mentale.

2. Identifier et ses émotions : Audrey-Ann pourrait prendre le temps d'identifier précisément les émotions contradictoires qu'elle ressent. Plutôt que de simplement les laisser la submerger, elle pourrait les nommer, comme la joie pour son amie et l'inquiétude par rapport à Nathan. Cela lui permettrait de mieux les comprendre et de commencer à les gérer de manière plus efficace.

3. Pratiquer l'auto-compassion : Audrey-Ann pourrait cultiver l'auto-compassion envers elle-même. Plutôt que de se critiquer pour ressentir des émotions contradictoires, elle pourrait se rappeler qu'il est normal de ressentir toute une gamme d'émotions dans des situations complexes.

4. Accepter les limites de son influence et lâcher-prise: Audrey-Ann devrait reconnaître qu'elle ne peut pas contrôler les actions ni les décisions de Zoé, que Zoé est responsable de ses propres choix et, si tel est le cas, elle a le droit à l'erreur. Tout ce qu'Audrey-Ann peut contrôler, c'est la présence et le soutien qu'elle peut offrir à Zoé si jamais elle changeait d'idée avant le mariage ou si elle éprouvait des difficultés dans sa relation de couple. En acceptant cela et en lâchant prise, Audrey-Ann pourrait alléger sa charge émotionnelle et réduire son stress.

5. Trouver un équilibre : Audrey-Ann pourrait travailler à trouver un équilibre entre la reconnaissance de ses émotions et la prise de décision rationnelle. Plutôt que de laisser l'excitation ou l'anxiété dicter ses actions, elle pourrait prendre le temps de peser le pour et le contre de ses choix de manière rationnelle. Cela lui permettrait de prendre des décisions éclairées tout en tenant compte de ses sentiments. Dans ce cas-ci, la décision à prendre pourrait être celle de partager ses émotions avec Zoé ou non.

6. Exprimer ses émotions : Audrey-Ann pourrait trouver des moyens sains et constructifs d'exprimer ses émotions contradictoires. Plutôt que de les garder

pour elle, elle pourrait en parler à Zoé, en lui avouant que bien qu'elle soit heureuse de la voir épanouie, elle éprouve des inquiétudes et des doutes quant à la capacité de Nathan de la rendre heureuse à long terme, car elle mérite de vivre avec une personne formidable. Par contre, si elle décide de ne pas lui en parler directement, Audrey-Ann pourrait parler à une tierce personne de confiance ou écrire une lettre à Zoé sans envoyer la lettre. Cela pourrait l'aider à libérer ses émotions et à trouver un soulagement.

Le cas d'Émile

1. Pratiquer la pleine conscience : Émile pourrait commencer par intégrer la pleine conscience dans sa vie quotidienne. Il pourrait prendre quelques instants chaque jour pour se détendre, respirer profondément et observer ses pensées et ses émotions sans jugement. Cela l'aiderait à mieux comprendre ses sentiments contradictoires et à cultiver une plus grande clarté mentale.

2. Identifier et nommer ses émotions : Émile pourrait prendre le temps d'identifier précisément les émotions contradictoires qu'il ressent. Plutôt que de les laisser le submerger, il pourrait les nommer, comme l'amour et l'affection pour sa famille, mais aussi la frustration face à la routine et aux défis de la vie de famille. Cela lui permettrait de mieux les comprendre et de commencer à les gérer de manière plus efficace.

3. Pratiquer l'auto-compassion : Émile pourrait cultiver l'auto-compassion envers lui-même. Plutôt que de se critiquer pour ressentir des émotions contradictoires, il pourrait se rappeler qu'il est humain et qu'il mérite d'être aimé et accepté, même avec ses imperfections. En se traitant avec gentillesse et compréhension, Émile pourrait renforcer son bien-être émotionnel et sa résilience face aux défis de la vie de famille.

4. Accepter les limites de son influence et lâcher prise : Émile pourrait reconnaître que certaines choses échappent à son contrôle dans sa relation de couple et sa vie familiale. En acceptant cette réalité, Émile peut se libérer du fardeau de vouloir tout contrôler et se concentrer sur ce qu'il peut influencer, comme sa propre attitude et ses actions. Par exemple, Émile ne peut pas contrôler les responsabilités et exigences inhérentes au mariage et à la vie de famille. Cependant, il a le pouvoir d'influencer la qualité des relations familiales et les activités qui peuvent rendre la routine moins frustrante. En lâchant prise sur ce qui est hors de son pouvoir, il peut réduire son stress et sa tension émotionnelle, et se concentrer sur la construction d'une relation plus harmonieuse avec sa famille, basée sur la communication ouverte, la compréhension mutuelle et le soutien réciproque.

5. Trouver un équilibre : Émile pourrait travailler à trouver un équilibre entre la reconnaissance de ses émotions et la prise de décisions rationnelles. Plutôt que de laisser ses émotions dicter ses actions, il pourrait prendre le temps de peser le pour et le contre

de ses choix de manière rationnelle. Par exemple, s'il ressent de la frustration dans sa vie de famille, il pourrait réfléchir à des moyens constructifs de résoudre les problèmes plutôt que de réagir impulsivement. Plutôt que de laisser la frustration dictée par la routine et les défis familiaux prendre le dessus, il pourrait planifier des activités significatives qui favorisent la communication et le partage. Par exemple, il pourrait organiser une sortie en famille dans un endroit qu'ils aiment tous, comme une journée à la plage ou une randonnée en montagne. En passant du temps ensemble dans un environnement détendu et plaisant, Émile et sa famille pourraient renforcer leur connexion émotionnelle et trouver des moyens constructifs de surmonter les défis de la vie quotidienne. Cette décision équilibrée prendrait en compte à la fois ses émotions et les besoins de sa famille, contribuant ainsi à améliorer leur bien-être global.

6. Exprimer ses émotions : Émile pourrait trouver des moyens sains et constructifs d'exprimer ses émotions contradictoires. Plutôt que de les garder pour lui, il pourrait en parler à sa femme ou à un ami proche. En partageant ses sentiments ouvertement, Émile pourrait obtenir du soutien et des conseils pour faire face à ses défis émotionnels.

Les conséquences positives de bien gérer les émotions contradictoires à l'aide des 5 étapes proposées :

- Clarté mentale accrue : La pratique de la pleine conscience permet de développer une meilleure compréhension de ses émotions et pensées. En observant ses émotions contradictoires sans jugement, une personne peut clarifier les origines de ses sentiments et ainsi cultiver une clarté mentale accrue. Cette clarté mentale facilite la prise de décisions éclairées et la gestion des situations stressantes.

- Gestion émotionnelle améliorée : Identifier et nommer ses émotions contradictoires est le premier pas vers leur gestion efficace. En reconnaissant ces émotions, une personne peut commencer à les démystifier et à les comprendre plus profondément. Cette compréhension accrue aide à développer des stratégies pour faire face aux émotions de manière saine et constructive, réduisant ainsi le stress et l'anxiété.

- Communication et relations enrichies : Exprimer ses émotions de manière constructive favorise des relations interpersonnelles plus profondes et authentiques. En partageant ses émotions avec les autres, une personne ouvre la voie à une communication plus ouverte et honnête. Cela renforce les liens relationnels et favorise un soutien mutuel, ce qui contribue à des relations plus satisfaisantes et enrichissantes.

Ann Brosseau

- Décisions éclairées : Trouver un équilibre entre la reconnaissance des émotions et la prise de décisions rationnelles permet de prendre des décisions plus éclairées. Lorsque les émotions sont reconnues mais ne dominent pas le processus décisionnel, une personne est en mesure de peser le pour et le contre de manière objective. Cela conduit à des choix plus réfléchis et plus adaptés à la situation.

- Bien-être émotionnel accru : Pratiquer l'auto-compassion et se traiter avec gentillesse et compréhension contribue à renforcer le bien-être émotionnel. En acceptant ses émotions comme faisant partie de l'expérience humaine normale, une personne réduit l'auto-critique et développe une plus grande résilience face aux défis de la vie. Cela favorise un sentiment général de satisfaction et de bien-être émotionnel.

EXERCICE: RÉFLEXION

Prenez le temps de réfléchir à une situation vécue en ce moment (ou dans le passé), qui déclenche en vous des émotions contradictoires. Répondez aux questions suivantes pour vous aider à mettre en application les 5 étapes de gestion émotionnelle en situation d'émotions contradictoires.

1. Pratiquer la pleine conscience :

a. Quand avez-vous remarqué pour la première fois l'émergence de ces émotions contradictoires dans cette situation ?

_____

_____

_____

_____

b. Pouvez-vous décrire ce que vous ressentiez physiquement et mentalement lorsque ces émotions se sont manifestées ?

_____

_____

_____

_____

c. Quels sont les déclencheurs spécifiques qui ont amené ces émotions contradictoires à surgir ?

_____

_____

_____

_____

_____

_____

_____

2. Identifier et nommer ses émotions :

a. Quelles émotions contradictoires avez-vous ressenties dans cette situation ? Pouvez-vous les nommer précisément

_____

_____

_____

_____

_____

_____

b. Comment avez-vous réagi à ces émotions ? Comment ces émotions se sont-elles manifestées dans vos comportements ?

_____

_____

_____

_____

_____

3. Exprimer ses émotions :

a. Avez-vous partagé vos émotions contradictoires avec quelqu'un d'autre dans cette situation ? Si oui, comment cela s'est-il déroulé ? Si non, avec qui pourriez-vous partager ces émotions et comment le feriez-vous ?

_____

_____

_____

_____

_____

_____

b. Comment pensez-vous que l'expression de vos émotions a influencé ou pourrait influencer la situation ou votre bien-être émotionnel ?

_____

_____

_____

_____

_____

_____

_____

4. Trouver un équilibre :

Avez-vous pris le temps de réfléchir de manière rationnelle à vos émotions contradictoires avant de prendre des décisions ou d'agir ? Si oui, comment ? Si non, quelles ont été les conséquences de ne pas avoir été en mesure de réfléchir rationnellement à vos émotions contradictoires?

_____

_____

_____

_____

_____

_____

5. Pratiquer l'auto-compassion :

a. Comment avez-vous traité vos émotions contradictoires après coup ? Vous êtes-vous critiqué(e) ou avez-vous fait preuve de compassion envers vous-même ?

_____

_____

_____

_____

_____

_____

b. Quelles stratégies pourriez-vous mettre en place pour cultiver davantage d'auto-compassion et de bien-être émotionnel lorsque vous faites face à des émotions contradictoires ?

_____

_____

_____

_____

_____

_____

_____

c. Quels enseignements ou apprentissages pouvez-vous tirer de cette expérience pour mieux gérer vos émotions contradictoires à l'avenir ?

_____

_____

_____

_____

_____

_____

_____

Ann Brosseau

6. Accepter les limites de votre influence et lâcher prise:

a. Quels aspects de la situation étaient sous votre contrôle et lesquels ne l'étaient pas ?

_____

_____

_____

_____

_____

b. Avez-vous été capable de lâcher prise sur les aspects de la situation qui étaient hors de votre contrôle ?

_____

_____

_____

_____

c. Comment votre capacité à lâcher prise a-t-elle influencé votre bien-être émotionnel dans cette situation ?

_____

_____

_____

240

d. Si vous n'avez pas été en mesure de lâcher prise, quels ont été les obstacles ou les défis que vous avez rencontrés ?

_____

_____

_____

_____

_____

e. Quelles stratégies pourriez-vous mettre en place à l'avenir pour améliorer votre capacité à lâcher prise sur les aspects qui échappent à votre contrôle et ainsi favoriser votre bien-être émotionnel ?

_____

_____

_____

_____

_____

_____

_____

_____

En guise d'aide-mémoire, voici un schéma récapitulatif du processus de gestion des émotions contradictoires.

Ann Brosseau

PROCESSUS DE GESTION DES ÉMOTIONS CONTRADICTOIRES

1 **PRATIQUER LA PLEINE CONSCIENCE**
Se connecter à soi-même pour observer ses pensées et émotions sans jugement.

2 **IDENTIFIER SES ÉMOTIONS**
Nommer ses émotions contradictoires pour bien les reconnaître et les accepter.

3 **PRATIQUER L'AUTO-COMPASSION**
Se traiter avec gentillesse et compassion, comme on le ferait pour un ami qui traverse une période difficile.

4 **ACCEPTER SES LIMITES ET LÂCHER PRISE**
Lâcher prise des choses et personnes que nous ne contrôlons pas pour alléger le fardeau émotionnel.

5 **TROUVER UN ÉQUILIBRE**
Réfléchir de manière rationnelle, tout en tenant compte des émotions contradictoires pour une meilleure prise de décisions.

6 **EXPRIMER SES ÉMOTIONS**
Calmement exprimer ses émotions contradictoires pour obtenir du soutien ou simplement de l'écoute.

6. PRÉVENIR ET GÉRER L'ACCOUTUMANCE ÉMOTIONNELLE

Éviter et gérer l'accoutumance émotionnelle est crucial pour maintenir un bien-être émotionnel optimal, et cela est étroitement lié aux autres sujets déjà abordés, tels que vaincre les comportements défensifs, gérer la surcharge émotionnelle et le stress, ainsi que gérer les émotions contradictoires.

Les techniques discutées pour vaincre les comportements défensifs, éviter et gérer la surcharge émotionnelle, ainsi que pour gérer les émotions contradictoires, jouent un rôle crucial dans la *prévention* de l'accoutumance émotionnelle. En réalité, notre incapacité à gérer efficacement ces situations accroit les chances d'être confrontés à l'accoutumance émotionnelle.

Vaincre les comportements défensifs implique de développer des stratégies pour faire face aux émotions difficiles ou aux situations conflictuelles de manière constructive, plutôt que de les éviter ou de les nier. En apprenant à reconnaître et à exprimer nos émotions de manière authentique, nous pouvons éviter le recours à des mécanismes de défense qui peuvent contribuer à l'accoutumance émotionnelle.

De même, la gestion de la surcharge émotionnelle et du stress est essentielle pour prévenir l'accoutumance émotionnelle. En adoptant des techniques telles que la pleine conscience, la relaxation et la gestion du temps, nous pouvons réduire l'impact des facteurs de stress sur notre bien-être émotionnel et éviter de nous habituer à vivre dans un état de détresse constante.

Enfin, la gestion des émotions contradictoires joue également un rôle important dans la prévention de l'accoutumance émotionnelle. En développant des compétences pour identifier, nommer et exprimer nos émotions de manière appropriée, nous pouvons éviter le déni ou la minimisation de nos expériences émotionnelles, pour prévenir la désensibilisation émotionnelle et l'accoutumance.

En mettant en pratique ces techniques de manière proactive, nous renforçons notre capacité à réguler nos émotions et à faire face aux défis émotionnels de manière saine et adaptative, réduisant ainsi le risque de développer une accoutumance émotionnelle et favorisant un bien-être émotionnel durable.

L'accoutumance émotionnelle se produit lorsque nous nous habituons à un niveau constant ou chronique d'émotions négatives, comme le stress, l'anxiété ou la tristesse, au point de ne plus les remarquer ou de les accepter comme faisant partie intégrale de notre vie. Cette habitude peut avoir des conséquences néfastes sur notre santé mentale et notre bien-être émotionnel à long terme.

Premièrement, cela peut conduire à une diminution de la sensibilité émotionnelle, ce qui signifie que nous ne sommes plus aussi conscients de nos propres émotions ou de celles des autres. Cela peut rendre plus difficile la reconnaissance et la gestion efficace des émotions contradictoires, car nous ne sommes pas aussi réceptifs à nos propres signaux émotionnels.

De plus, l'accoutumance émotionnelle peut favoriser le développement de comportements défensifs, car nous cherchons à éviter de faire face à des émotions difficiles ou à des situations inconfortables. Plutôt que de faire face à nos émotions contradictoires ou à des défis émotionnels, nous pouvons adopter des stratégies de défense telles que la minimisation, la négation ou la fuite, ce qui nuit à notre croissance émotionnelle et à nos relations interpersonnelles.

La surcharge émotionnelle et le stress peuvent également être exacerbés par l'accoutumance émotionnelle, car nous devenons moins capables de réguler nos émotions et de faire face aux défis de manière efficace. Au lieu de reconnaître et de traiter les causes sous-jacentes de notre stress ou de notre surcharge émotionnelle, nous pouvons simplement nous habituer à vivre dans un état de détresse émotionnelle chronique.

Nous voyons donc comment l'accoutumance émotionnelle peut être à la fois une conséquence de la mauvaise gestion de ses émotions ou, en sens inverse, nuire à la gestion constructive des émotions.

Il est donc impératif de reconnaître les signes d'accoutumance émotionnelle pour intervenir en temps et ainsi voir à notre équilibre mental et à notre bien-être psychologique et physique.

6.1 COMMENT SAVOIR SI JE SUIS EN SITUATION D'ACCOUTUMANCE ÉMOTIONNELLE ?

Reconnaître les signes d'accoutumance émotionnelle est crucial pour prendre des mesures préventives ou réparatrices afin de préserver notre bien-être mental, psychologique et physique. Voici quelques indicateurs qui peuvent signaler une accoutumance émotionnelle :

1. Diminution de la sensibilité émotionnelle : Vous pourriez remarquer que vous êtes moins réceptif aux émotions, tant les vôtres que celles des autres. Les hauts et les bas émotionnels peuvent sembler moins intenses, voire même inexistants. Ceci rendrait difficile l'identification de vos émotions.

2. Acceptation de l'inconfort émotionnel comme normal : Vous pourriez vous habituer à vivre avec un niveau constant ou chronique d'émotions négatives, telles que le stress, l'anxiété ou la tristesse, et les accepter comme faisant partie normale de votre vie.

3. Évitement des émotions difficiles : Plutôt que de faire face à des émotions difficiles ou à des situations inconfortables, vous pourriez adopter des

comportements d'évitement ou des mécanismes de défense pour les minimiser ou les ignorer.

4. Réduction de l'expression émotionnelle : Vous pourriez avoir du mal à exprimer vos émotions de manière authentique ou à partager vos sentiments avec les autres. Vous pourriez également remarquer une diminution de la variété ou de l'intensité de vos expressions émotionnelles.

5. Incapacité à gérer les émotions : Vous pourriez avoir du mal à gérer vos émotions ou à faire face à des situations stressantes de manière efficace. Vous pourriez ressentir un sentiment d'impuissance ou de résignation face aux défis émotionnels.

6. Isolement social : L'accoutumance émotionnelle peut entraîner un retrait social et une diminution de l'engagement dans des activités sociales ou plaisirs qui étaient autrefois appréciés. Vous pourriez vous retrouver à éviter les interactions sociales ou à vous isoler des autres.

7. Dégradation du bien-être général : L'accoutumance émotionnelle peut avoir un impact négatif sur votre bien-être général, y compris votre santé mentale, psychologique et physique. Vous pourriez ressentir une diminution de la satisfaction dans la vie, une fatigue persistante ou des problèmes de santé liés au stress chronique.

En reconnaissant ces signes d'accoutumance émotionnelle, vous pouvez intervenir en temps opportun pour prendre des mesures pour protéger votre bien-être émotionnel et psychologique. Cela peut inclure l'adoption de stratégies de gestion émotionnelle, la recherche de soutien social ou professionnel, et la modification des habitudes de vie pour favoriser un équilibre émotionnel sain.

Voyons quelques exemples de comment l'accoutumance émotionnelle peut se manifester.

Le cas de David

David, un homme d'affaires de 42 ans, a toujours été connu pour son attitude stoïque et sa capacité à garder ses émotions sous contrôle. Au fil des ans, il a gravi les échelons dans son entreprise grâce à son pragmatisme et son professionnalisme inébranlable. Cependant, derrière cette façade de maîtrise de soi, David cache une accoutumance émotionnelle qui commence à peser lourdement sur sa vie.

Bien que David ait toujours été en mesure de gérer les hauts et les bas du monde des affaires, il a peu à peu perdu la capacité de ressentir des émotions de manière authentique. Il a tendance à minimiser ou à ignorer complètement ses propres sentiments, même lorsque des situations personnelles ou professionnelles sont émotionnellement chargées.

Par exemple, lorsqu'il est confronté à un échec professionnel, il nie souvent tout impact émotionnel et se concentre uniquement sur la résolution pratique du problème.

Au fil du temps, cette incapacité à reconnaître et à exprimer ses émotions a commencé à avoir un impact sur sa vie personnelle. David a du mal à maintenir des relations intimes, car il se sent déconnecté de ses propres sentiments et incapable de se lier émotionnellement avec les autres. Il a également remarqué une diminution de son bien-être général, se sentant souvent épuisé et insatisfait, mais incapable d'identifier la source de son malaise.

Malgré son succès apparent dans sa carrière professionnelle, David commence à réaliser que son accoutumance émotionnelle lui a coûté cher sur le plan personnel. Il réalise qu'il a besoin d'aide pour réapprendre à reconnaître, comprendre et exprimer ses émotions de manière saine et constructive afin de retrouver un équilibre émotionnel et un bien-être général.

Si vous vous reconnaissez dans cet exemple, il est possible que vous souffriez d'accoutumance émotionnelle.

Le cas de Natasha

Natasha, une femme de 38 ans, est engagée dans une relation toxique avec son conjoint depuis plusieurs années. Au début de leur relation, elle était profondément amoureuse et avait des espoirs élevés pour leur avenir ensemble. Cependant, au fil du temps, elle a remarqué une détérioration progressive de son bien-être émotionnel et psychologique, due en grande partie à l'accoutumance émotionnelle qu'elle a développée dans cette relation.

Dans leur relation, Natasha est constamment soumise à des cycles de manipulation émotionnelle, de critique constante et de comportements contrôlants de la part de son conjoint. Au lieu de reconnaître la gravité de la situation et d'exprimer ses émotions de colère, de tristesse et de frustration, Natasha a progressivement accepté ces comportements toxiques comme étant normaux. Elle minimise souvent ses propres sentiments et justifie les actions de son conjoint, en pensant qu'elle mérite ce traitement ou qu'elle pourrait changer son comportement à lui si elle agissait différemment.

Cette accoutumance émotionnelle l'a conduite à rester dans une relation destructrice beaucoup plus longtemps qu'elle ne l'aurait souhaité. Elle se sent prise au piège dans un cycle incessant de chagrin et de désespoir, mais elle n'arrive pas à imaginer une vie sans son conjoint. Natasha a perdu confiance en elle et en ses propres décisions, se convainquant qu'elle ne mérite pas mieux et qu'elle ne sera jamais heureuse en dehors de cette relation toxique.

Malgré les signes évidents de détresse émotionnelle et de malaise, Natasha a du mal à reconnaître qu'elle est en train de s'habituer à une situation nocive. Elle a besoin d'un soutien extérieur pour l'aider à rompre ce schéma destructeur, à reconnaître la valeur de ses propres émotions et à prendre des mesures pour protéger son bien-être émotionnel et psychologique.

Si vous vous reconnaissez dans cet exemple, il est possible que vous souffriez d'accoutumance émotionnelle.

Il n'est pas toujours évident de reconnaître que l'on souffre d'accoutumance émotionnelle pour plusieurs raisons :

· Normalisation des schémas de comportement : Lorsque l'on est confronté à des schémas de comportements ou des situations nocives de manière répétée, on peut finir par les considérer comme normaux. On peut minimiser leurs impacts négatifs et les accepter comme faisant partie intégrale de sa vie quotidienne, ce qui rend difficile la prise de conscience de leur nature problématique.

· Déni et rationalisation : Il est courant de nier ou de minimiser les problèmes émotionnels auxquels on est confronté, surtout si cela remet en question notre perception de soi ou notre capacité à faire face aux défis de la vie. On peut rationaliser les comportements nocifs en les justifiant comme étant temporaires, inévitables ou mérités.

· Peur du changement : Reconnaître que l'on souffre d'accoutumance émotionnelle peut impliquer de remettre en question des façons de pensée et de comportement profondément enracinés. Cela peut susciter des peurs liées à l'inconnu, au changement ou à la perte de contrôle, ce qui peut rendre difficile l'acceptation de la nécessité de changer.

- Manque de sensibilisation : Certaines personnes peuvent ne pas être familières avec le concept d'accoutumance émotionnelle ou ne pas en reconnaître les signes. Elles peuvent ne pas être conscientes que leurs schémas de comportements ou leurs réactions émotionnelles sont problématiques et nécessitent une intervention.

- Stigmatisation associée à la santé mentale : La stigmatisation entourant la santé mentale peut également jouer un rôle dans la difficulté à reconnaître et à accepter que l'on souffre d'accoutumance émotionnelle. La peur du jugement social ou du rejet peut conduire à refouler ses propres émotions ou à éviter de demander de l'aide.

En raison de ces facteurs, il peut être difficile pour une personne de reconnaître qu'elle souffre d'accoutumance émotionnelle et qu'elle a besoin d'aide pour surmonter ces schémas de comportement et retrouver un bien-être émotionnel et psychologique. Cependant, avec une prise de conscience accrue, un soutien social et éventuellement une intervention professionnelle, il est possible de reconnaître et de surmonter l'accoutumance émotionnelle pour mener une vie plus épanouissante et équilibrée.

EXERCICE: AUTO-ÉVALUATION

Veuillez lire attentivement chaque énoncé et indiquer dans quelle mesure il correspond à votre expérience récente.

Utilisez l'échelle suivante pour répondre à chaque question, en indiquant le chiffre qui correspond à votre réponse sur la ligne qui suit l'énoncé :

> 1 = Cela ne me correspond pas du tout.
>
> 2 = Cela me correspond rarement.
>
> 3 = Cela me correspond parfois.
>
> 4 = Cela me correspond souvent.
>
> 5 = Cela me correspond toujours.

1. Je remarque que je suis moins réceptif aux émotions, tant les miennes que celles des autres. _____

2. Il m'est difficile d'identifier et de nommer mes émotions. _____

3. J'ai tendance à accepter les émotions négatives comme faisant partie normale de ma vie. _____

4. Plutôt que de faire face à des émotions difficiles, j'ai tendance à les éviter ou à les minimiser. _____

5. Je trouve difficile d'exprimer mes émotions ou de les partager avec les autres. ____

6. Je ressens souvent un sentiment d'impuissance ou de résignation face aux défis. ____

7. J'ai tendance à éviter les interactions sociales ou à me retirer socialement. ____

8. Mon bien-être général, y compris ma santé mentale et physique, a diminué récemment. ____

Après avoir répondu à toutes les questions, additionnez les scores pour obtenir un total. Plus le total est élevé (le maximum possible est 40), plus il peut être utile d'explorer des stratégies pour gérer l'accoutumance émotionnelle et protéger votre bien-être émotionnel et psychologique. Si vous avez des préoccupations importantes, n'hésitez pas à consulter un professionnel de la santé mentale pour obtenir un soutien supplémentaire.

6.2 QUE FAIRE SI JE SOUFFRE D'ACCOUTUMANCE ÉMOTIONNELLE ?

Il est possible de surmonter l'accoutumance émotionnelle par ses propres moyens, mais dans de nombreux cas, une aide extérieure peut être bénéfique et même nécessaire pour obtenir un soutien adéquat.

Voici quelques conseils si vous soupçonnez être victime d'accoutumance émotionnelle.

1. Prenez-en conscience

Reconnaître que l'on souffre d'accoutumance émotionnelle est souvent la première étape vers la guérison. En prenant le temps d'examiner ses propres schémas de pensée et de comportement, on peut commencer à identifier les signes d'accoutumance émotionnelle et les facteurs déclenchants.

2. Perfectionnez vos compétences de gestion émotionnelle

Apprendre des techniques de gestion émotionnelle telles que vues dans les sections précédentes peut aider à réguler les émotions et à réduire le stress. Des activités comme la pratique de la pleine conscience peuvent également être utiles pour identifier et comprendre ses propres émotions.

3. Recherchez un soutien social

Partager ses expériences avec des amis de confiance, des membres de la famille ou des groupes de soutien peut offrir un soutien émotionnel et des perspectives précieuses. Le fait de parler à quelqu'un qui comprend et qui est disposé à écouter peut être extrêmement bénéfique.

4. Consultez un professionnel

Dans les cas où l'accoutumance émotionnelle est profonde ou persistante, il peut être utile de consulter un professionnel, tel qu'un psychologue, un thérapeute ou un coach de vie. Ces professionnels sont formés pour aider les individus à explorer leurs émotions, à identifier les schémas de pensée néfastes et à développer des stratégies pour surmonter les défis émotionnels.

Dans l'ensemble, il n'y a pas de réponse universelle à la question de savoir si l'on peut se sortir seul de l'accoutumance émotionnelle. Chaque individu est différent et ce qui fonctionne pour une personne peut ne pas fonctionner pour une autre. L'essentiel est d'être ouvert à l'idée de chercher de l'aide si nécessaire et de faire ce qui est le mieux pour sa propre santé émotionnelle et psychologique.

7. MON PLAN D'ACTION PERSONNEL

Comme dernier chapitre à ce Tome sur la gestion de soi, le plan d'action personnel permet d'assurer un transfert des apprentissages en actions et résultats concrets.

C'est un outil puissant pour transformer nos aspirations en réalité et cultiver une vie épanouissante et enrichissante.

Se faire un plan d'action pour sa croissance personnelle permet :

· De définir clairement les objectifs que l'on souhaite atteindre dans chaque domaine de sa vie. Cela permet d'avoir une vision précise de ce que l'on souhaite réaliser et des étapes à suivre pour y parvenir.

· De s'engager activement dans le processus de croissance personnelle et d'amélioration. Cela renforce la motivation en fournissant un cadre structuré pour progresser vers ses objectifs et en visualisant les résultats souhaités.

- De prioriser les domaines qui nécessitent le plus d'attention et d'efforts. En identifiant les aspects les plus importants à travailler, on évite la dispersion d'énergie et on se concentre sur ce qui est essentiel pour obtenir des résultats significatifs.

- D'évaluer régulièrement les progrès réalisés par rapport à nos objectifs. Cela permet de rester sur la bonne voie, de célébrer les réussites et d'ajuster les stratégies si nécessaire pour surmonter les obstacles rencontrés en cours de route ou pour répondre à des changements dans nos circonstances de vie.

EXERCICE: DÉVELOPPER SON PLAN D'ACTION PERSONNEL

1. Prenez le temps de revoir les titres et sous-titres du guide pour vous remémorer les concepts vus. Si vous en ressentez le besoin, révisez les concepts qui nécessitent un rappel. Portez une attention particulière aux notes que vous avez prises aux sections "exercices" et toutes autres sections.

2. Une fois votre revue terminée, formulez de 3 à 5 objectifs positifs qui représentent ce que vous souhaitez changer dans un avenir proche (3, 6, 9 ou 12 mois - à vous de décider!).

3. Utiliser le tableau suivant pour développer votre plan d'action personnel pour cette étape. Lisez attentivement les directives pour chaque colonne, car elles peuvent être très utiles.

Objectif	Action	Indicateurs de succès	Date
Décrivez le résultat positif que vous désirez atteindre.	*Comment allez-vous atteindre cet objectif ?* *Nommez les actions concrètes qui vous mèneront à votre objectif.*	*Comment saurez-vous que vous avez atteint cet objectif ?*	*Quand planifiez-vous avoir atteint cet objectif ?*

4. Utilisez un agenda ou calendrier pour noter les dates auxquelles vous souhaitez revenir à votre plan d'action pour évaluer votre progrès; pas seulement aux dates indiquées dans le plan, mais de manière régulière (une fois par semaine, par deux semaines ou par mois, par exemple).

5. Lorsque vous atteignez un but, faites quelque chose de spécial pour souligner et célébrer votre succès!

8. CONCLUSION

Si vous avez lu ce guide assidûment et avez complété les exercices et réflexion, vous avez acquis une multitude d'outils et de techniques pour mieux comprendre et gérer vos émotions. En appliquant ces connaissances, vous pouvez transformer vos réactions émotionnelles et améliorer votre bien-être général ainsi que vos relations avec les autres.

Nous avons exploré ensemble ce que sont les émotions et leur rôle essentiel dans notre vie quotidienne. Nous avons appris à identifier et à gérer les sources de stress, à surmonter les mécanismes de défense, à naviguer à travers les émotions contradictoires, et à reconnaître et traiter l'accoutumance émotionnelle. Enfin, vous avez pu élaborer un plan d'action personnel pour continuer à progresser sur ce chemin de gestion émotionnelle.

La maîtrise de vos émotions est un voyage continu qui nécessite la réflexion et la pratique. En poursuivant cette voie, vous découvrirez des niveaux de sérénité et d'épanouissement relationnel que vous n'auriez peut-être jamais cru possibles.

Si vous souhaitez aller encore plus loin dans votre cheminement vers une meilleure sérénité et l'épanouissement relationnel, je vous recommande vivement de lire le guide pratique intitulé *Mieux communiquer pour réaliser mes objectifs*.

Ce livre vous fournira des stratégies supplémentaires pour améliorer vos compétences en communication, un complément essentiel pour renforcer vos relations et atteindre vos objectifs personnels et professionnels.

Au plaisir de vous y retrouver!

Ann Brosseau

9. RESSOURCES

Covey, S. R. (1989). Les 7 habitudes de ceux qui réalisent tout ce qu'ils entreprennent. Editions J'ai lu.

Covey, S. R. (2006). La 8ème habitude : Le chemin vers l'accomplissement et le bonheur. InterEditions.

Portelance, C. (2014). L'acceptation et le lâcher prise. Les Éditions du CRAM.

Portelance, C. (2015). Relation d'aide et amour de soi. Les Éditions de l'Homme.

Smith, J. (2024). Pourquoi personne ne m'en a parlé avant ? Guy Saint-Jean Éditeur.

www.ingramcontent.com/pod-product-compliance
Lightning Source LLC
Chambersburg PA
CBHW071413090426
42737CB00011B/1450